PROCÉDÉS VIBRATOIRES pour la PROSPÉRITÉ et le BONHEUR

Chez le même éditeur :

L'Ascension vers la Lumière - Nicolas Almand
Conscience Divine – Nicolas Almand
Guide des Bijoux et Pierres d'influence – Wolfgang Hahl
Le Traité des Influences Cosmo-Magnétiques – Francis Frandeau de Marly
Les Nouvelles Techniques Radioniques de Pouvoir – Francis Frandeau de Marly
Changez de Vie en une Journée – Jean-Luc Belleney
Les Energies de la Chance – Catherine Dalançon
Ces Merveilleuses Entités – Philippe de Ségur
Les Entités de l'Astral – Georges Boned
Secrets et Recettes pour un Habitat Heureux - Scott Cunningham & David Harrington
Le Chemin du Père – Magalion
Guérisseur source de vie – Magalion
Au Royaume de la vie – Magalion
Les 5 Pouvoirs – Magalion
Le Grand Livre de la Guérison Spirituelle – Jack Angelo
La Cure Breuss – Rudolph Breuss
Quand j'étais vieux – Gëorgia Knap
Secrets de Santé pour une vie longue et heureuse – Dr. Bruce Goldberg
Merkabah, la Porte du Cosmos – Alexandre Poliokhine

Pour tous renseignements concernant ces ouvrages,
vous pouvez nous écrire à :

EDITIONS LABUSSIÈRE
23 Place de l'Hôtel de Ville
B.P. 85
71700 TOURNUS
Tél : 03.85.27.03.80. - Fax : 03.85.27.03.81.

editions.labussiere@worldonline.fr
www.editions-labussiere.fr

Roger Gascon

PROCÉDÉS VIBRATOIRES pour la PROSPÉRITÉ et le BONHEUR

Editions Alain LABUSSIERE
B.P. 85 – 71700 Tournus

AVERTISSEMENT de L'EDITEUR

Les pratiques, les techniques, les conseils décrits dans ce livre ne doivent en aucun cas être utilisés en remplacement de traitements médicaux. Ce livre n'essaye aucunement de porter un quelconque diagnostic, de recommander un traitement, d'établir une prescription en vue de traiter des maladies, des douleurs, des blessures, ou un problème de condition physique.
Cet ouvrage est édité dans un but d'information.
Il exprime une philosophie de la vie.
Seul votre médecin traitant est habilité à prescrire un traitement médical.
L'auteur et l'éditeur ne sont donc responsables en aucune manière d'une utilisation inconsidérée de cet ouvrage.

N°ISBN ISBN 978-2-84988-113-2

Avertissement

Cet ouvrage **n'est pas un traité de Feng-Shui traditionnel ou encore du Feng-Shui** mis à la « sauce new-age », même si les techniques qui y sont exposées peuvent beaucoup lui ressembler.

Pour réellement parler de Feng-Shui, il faut passer par trois écoles qui sont BA ZHAI (ou l'école des 8 Palais ou encore école de la boussole), SAN YUAN (ou école des trois cycles) et SAN HE (ou école de la forme) et qui sont le véritable cursus d'apprentissage traditionnel.

Même si je me suis inspiré de ces écoles, **ce texte révèle une technique énergétique à part basée sur le carré magique de Saturne** que j'ai créé selon les connaissances acquises dans les traditions Occidentales et les traditions d'Extrême Orient.

J'ai été instruit aux **sources réellement traditionnelles** du Feng-Shui et du Dao (branche ésotérique du Taoïsme) par des instructeurs de très haut niveau, eux-mêmes directement instruits par les derniers maîtres en la matière.

Cette petite parenthèse avant de commencer était nécessaire pour préciser tout cela **et dans le seul but** de ne pas être taxé (par les « mauvaises langues ») d'auteur « new age » ou pire encore. Je suis très loin de ce mouvement de doux illuminés, bien que je respecte certains de leurs points de vue !

J'ai eu simplement **le désir de jeter « un pont »** entre ces Traditions pour lesquelles j'ai le plus profond respect et de créer une méthode qui soit à la fois simple, rapide et efficace. Les nombreux tests qui ont été faits semblent me donner raison mais, ce sera à vous de trancher et de me dire si j'ai gagné ce difficile pari.

Avant-propos

Nous allons voir ici principalement l'aspect financier de ce système énergétique, mais également des techniques pour l'amour, le sexe et la santé. Ce n'est pas par hasard si j'ai pris la « peine » de traiter ce sujet malheureusement d'actualité, car nombreux sont ceux aujourd'hui pour lesquels le manque d'argent se fait cruellement ressentir, les fins de mois deviennent de plus en plus difficiles et « joindre les deux bouts » est pour certains de plus en plus difficile. Au vu du courrier que je reçois, le manque d'argent est un véritable « fléau » qu'il faut absolument éliminer. Moi-même, j'ai connu ce problème et me suis déjà retrouvé avec moins que rien (mais à cette époque, je ne connaissais pas les « procédés vibratoires » exposés ici, comme bien d'autres d'ailleurs). En toute simplicité, je peux vous affirmer que j'ai connu la faim. Je n'ai jamais fait de l'argent une priorité dans ma vie, la voie initiatique étant de beaucoup plus importante à mes yeux, mais j'ai appris (par expérience) que le manque d'argent est une plaie qu'il faut vite refermer pour ne pas avoir à faire avec les « hyènes » et apprécier chaque plaisir de l'existence. J'ai vécu comme un aventurier de la vie sans même m'en rendre compte, mais un jour, il faut bien poser ses valises et faire fi de sa vie de jeune homme. Et puis, quel bonheur de pouvoir se payer, ainsi qu'à ses proches, le superflu !

Vous trouverez ici un nombre important de pratiques et de principes spirituels très efficaces, inspirés des traditions millénaires (Théurgie, Kabbale chrétienne, Runes, Géomancie, Radionique, Dao...), Sciences hermétiques qui ont fait leurs preuves depuis longtemps. Vous avez en main un instrument puissant pour transformer votre habitat en véritable centrale d'énergie et ainsi construire votre vie sur des bases financières solides. De même, si vous êtes dans la solitude, il vous aidera à élargir le cercle de vos relations.

Dans combien de temps allez-vous obtenir les premiers résultats ? Honnêtement, je n'en sais rien, mais si tout est fait dans les règles de l'art et avec l'état d'esprit requis, très rapidement, juste le temps que les choses se mettent en place à partir du sixième élément (que vous verrez plus loin).

J'ai totalement déblayé le terrain, c'est une terre vierge et riche qui n'attend que vous pour l'ensemencer des bienfaits de la vie. Vous ne vous jetez pas dans l'inconnu, mais vous allez avancer d'un pied ferme et sûr en appliquant simplement les « activations » que vous aurez choisies. Laissez alors venir à vous, dans l'attente active sereine, l'énergie bienfaisante que vous avez semée.

Introduction

Il y a quelques 28 000 ans, l'homme de Neandertal choisissait son habitat en fonction de trois critères bien précis :

1. La caverne (car les grottes avaient des fonctions spirituelles) devait se trouver au flanc d'une montagne, donnant un sentiment de sécurité.
2. Elle devait se trouver près d'une source ou de tout autre point d'eau courante.
4. Disposer d'une vue dégagée permettant de voir venir le danger.

Logique, sensé, efficace, trois mots qui définissent parfaitement l'idée de départ et qui est restée ancrée dans la tradition jusqu'à nos jours où, depuis les années 70/80, la géomancie active a la part belle sous le nom de Feng-Shui, remis au goût du jour par quelques praticiens asiatiques vivant aux Etats-Unis.

Je n'ai rien contre le terme de Feng-Shui (qui signifie Vent et Eau) ni dans ses principes que je partage totalement dans ma culture occidentale, kabbaliste au sud, runiste au nord, et druidique au milieu, ce qui ne m'a pas empêché non plus d'accéder à des enseignements asiatiques très « pointus ». Je vais d'ailleurs développer tout ceci au fil des pages, mais pour l'instant, je vais vous présenter quelques similitudes entre la Voie du Tao et la Voie Occidentale, seuls les termes, les mots, les définitions changent selon les cultures, mais les principes sous-jacents restent identiques.

L'avantage (et même le remarquable avantage) que possèdent les adeptes de cultures différentes est qu'ils peuvent se comprendre (en dépit de la barrière des langues et de la folie des religions.) Ce qui était un code moral pour une époque n'est plus de mise aujourd'hui et disparaitra demain, ainsi en est-il depuis toujours.

L'absurdité des religions, comme de certains groupes occultes ou de « clubs » pseudo-ésotériques, c'est qu'ils prêchent pour leur chapelle. Un véritable opérateur n'a rien à faire d'une « chapelle » et des « querelles de clochers ».

Pourquoi se limiter ?

Il travaille, cherche, expérimente et … trouve.

Parfois, il transmet !

Ce qui est transmis aujourd'hui est le résultat de ce qui était, bien avant que le Feng-Shui ne devienne à « la mode ».

De l'homme des cavernes aux druides, des constructeurs de cathédrales aux moines tibétains, des empereurs chinois aux rois aztèques et aux pharaons d'Egypte, nous retrouvons toujours la même base de départ … l'Energie !

Cette énergie qui devient pouvoir lorsqu'elle est domestiquée, canalisée, et que se disputent dans le sang, les « assoiffés » de pouvoir.

Elle est partout, à tout moment et appartient à tout le monde (du moins à celles et ceux qui savent s'en servir). Il n'appartiendra qu'à vous et à vous seul de l'utiliser pour améliorer votre vie, et les quelques « petits efforts » qui vous sont demandés ne sont rien au regard des bienfaits que vous en retirerez.

Je tiens à vous prévenir que vous devez être prêt au changement (et en principe c'est votre but, vous désirez améliorer votre vie ? Donc apparemment vous devez être prêt) !

En aurez-vous le courage ?

Je l'espère ! Car j'ai souvent vu des personnes animées par le désir puissant de changer de vie, puis, comme pris de remords, faire marche arrière pour retourner dans leur « petite vie » bien tranquille et dans laquelle rien ne se passe.

Voici les raisons de ce texte.

Beaucoup d'entre vous m'écrivent et me font part de leurs soucis, de leurs problèmes, de leur « impuissance » face au « rouleau compresseur » d'une société de consommation complètement abrutie, de leurs peurs (fondées ou pas). Ils me parlent aussi de leurs espoirs, de leurs réussites et de leurs échecs. Ils me posent une multitude de questions dont la réponse est en eux, dans leur foi, dans leur confiance.

Ces pages constituent une réponse « globale » et j'ai puisé dans ce qu'il y a de meilleur dans mes réserves, j'y ai pris un profond plaisir. Il m'a fallu des mois pour les écrire, corriger mes notes, revoir mes brouillons et simplifier mes pratiques et autres rites.

J'espère que vous apprécierez autant que moi ce sujet passionnant et d'une richesse illimitée qui ouvre la voie de l'expression et de l'intuition.

Roger Gascon

L'habitat, ce qu'il doit être

Contrairement à ce que pense le matérialiste pur et dur dont « le plafond spirituel » se limite à la hauteur de son estomac, il est bien loin de s'imaginer que sa propre maison est un être vivant qui lui renvoie (énergétiquement parlant) ce qu'il lui donne.

Chaque pièce est en rapport avec une fonction ou un organe du corps dans sa conception énergétique.

- Les fenêtres ne sont-elles pas les yeux de la maison ?
- La porte d'entrée sa bouche ? Tout comme la porte de chaque pièce en est la bouche

de ladite pièce.

- L'éclairage nous renvoie à notre propre lumière.
- Le chauffage à notre propre source de chaleur corporelle, le Qi.
- Le sol et tous les meubles ou objets (canapé, chaises, fauteuils) représentent notre assise, les fondations et notre connexion à la terre.
- Les canalisations d'eau représentent notre système circulatoire.
- L'installation électrique, notre système nerveux.
- Les murs sont une peau qui nous protège.
- Le toit est une protection en rapport avec la boîte crânienne (qui protège ce qu'il y a à l'intérieur).
- Les toilettes sont en relation avec notre propre système d'évacuation des déchets.
- Le mur maître ou la poutre maîtresse représente l'épine dorsale, etc.

Certaines maisons procurent un sentiment de paix, de sérénité, d'autres au contraire invitent à prendre les jambes à son cou devant le fouillis, d'autres encore « transpirent » un « je ne sais quoi » de dangereux, on se sent mal à l'aise, quelque chose d'indéfinissable flotte dans l'air, et certaines sont vides, sans vie, sans âme, à l'image de leurs habitants, le cerveau complètement anesthésié devant la télé réalité.

Vous voyez que notre maison et nous ne faisons qu'un et pour que notre habitation ne soit pas un corps sans vie, sans âme, sans énergie, il faut la rendre vivante et en faire un générateur de bonheur dans tous les sens du terme, ce qui est somme toute, sa fonction première : protection et bien-être.

On peut même poursuivre en avançant que le téléphone, la boite à lettres sont en relation avec notre sens de la communication, internet notre ouverture sur le monde (ou notre fermeture à la réalité ordinaire), etc.

Parentés irréfutables entre le Tao et la Tradition Occidentale

On distingue quatre mouvements de l'énergie dans le sujet qui nous préoccupe ici :

1. La loi d'opposition : Rien n'est plus opposé que l'homme et la femme, et pourtant ! Aucun ne saurait exister sans l'autre.
2. La loi de l'engendrement réciproque : La vie engendre la mort, l'amour engendre la vie.
3. La loi de croissance/décroissance : La lune croît et décroît, toute forme de vie croît puis décroît.

4. La loi de transformation : toute action engendre une réaction qui aboutit à une transformation de l'état premier.

Souvent, très souvent même, la représentation du Tao est fausse, le côté noir est en haut et le blanc est en bas. C'est faux, archi faux et je vais vous le prouver. Le côté blanc (positif, yang, etc.) doit être à gauche et le côté noir (négatif, yin, etc.) situé à droite.

L'heure zéro démarre dans la partie basse, à l'endroit où le noir est le plus important. C'est la naissance (symbolique) de l'hiver, le nord, le début de la journée (on retrouve ce même principe en Kabbale où le jour commence à minuit).

Observez le dessin ci-contre, n'observe-t-on pas une analogie avec l'astrologie ?

Midi = Milieu du Ciel, minuit = Fond du Ciel, 6 heures = Ascendant et 18 heures = Descendant.

MIDI
MC

6 HEURES 18 HEURES
ASC DESC

MINUIT
FC

Le ciel, la terre et l'homme

« Pourquoi une énergie donnée n'arrive-t-elle pas parfois en son temps ? »

Réponse :

■ ***« Parce que si elle est en excès, elle arrive en avance, et si elle est insuffisante, elle arrive en retard. »***

Et quand l'énergie arrive à temps ?

Réponse :

■ ***« C'est qu'alors elle n'est ni excessive ni insuffisante. »***

Le Nei Tching Sou Wen (chap. 71)

Toute réussite passe par ces trois forces que sont le ciel, la terre et l'homme, vous allez vite comprendre pourquoi.

Agir au bon moment en consultant la position de la lune (chance du ciel), se trouver au bon endroit (chance de la terre) en sachant s'entourer de gens compétents (chance de l'homme).

On reprend. Il faut agir au bon moment en se trouvant au bon endroit en étant entouré de gens compétents, est la clé du succès. Pas toujours évident me direz-vous... Exact, mais avec ce qui va suivre, vous allez avoir toutes les clés en mains.

L'énergie nous vient du ciel (cosmique), de la terre (tellurique) et de nous-mêmes (électromagnétique). L'énergie du ciel est positive (yang), l'énergie de la terre est négative (yin) et celle de l'homme est à la fois positive et négative (yang/yin) avec un pourcentage plus ou moins élevé de l'un comme de l'autre selon la nature de l'individu. Pour l'anecdote, lors d'une séance de kinésiologie, un test conclut que j'étais à 96% yang. C'est trop, beaucoup trop ! J'ai donc relevé mon aspect yin et laissé de côté certaines pratiques qui renforçaient trop mon Yang.

Les trois règles de base pour obtenir le meilleur

Avant même d'appliquer les principes de cet ouvrage pour améliorer l'un ou l'autre des secteurs de votre existence, il faut **absolument** que vous respectiez les trois règles de base suivantes :

1) Éliminez le désordre :

Pour que l'énergie soit saine chez vous, il faut qu'elle circule librement, c'est la même chose dans tous les domaines. Le désordre, la poussière, le bric à brac, créent une énergie stagnante qui bloque le Qi. Imaginez l'eau d'un bassin qui n'est jamais renouvelée, que se passe-t-il après quelques jours en été ? Elle devient stagnante, l'eau se trouble et dégage une odeur nauséabonde.

Certains ont tendance à garder des choses inutiles en pensant que cela pourra servir un jour. En pensant ainsi, on envoie à l'univers (au sixième Elément précisément) le message que l'on n'a pas confiance en la vie pour nous apporter ce dont nous avons besoin. Faites vous-même l'expérience suivante : débarrassez-vous des choses dont vous ne vous êtes pas servi depuis deux ans et plus, puis observez la nouvelle énergie que vous recevez.

Voici quelques exemples de ce qui est à éviter :

➔ **Des objets accumulés dans les placards**
➔ **Des manteaux, chaussures, vélo, etc. derrière la porte d'entrée**
➔ **Laisser traîner des objets sur le sol : journaux, magazines, jouets, etc.**
➔ **Des vêtements et des chaussures que vous ne mettez plus.**
➔ **Des photos de mauvais souvenirs dans**

vos tiroirs et dans vos albums

➔ Des lettres d'amour de vos « ex » (désordre affectif et émotionnel)

Jetez toutes ces vieilles choses et nettoyez votre habitation. Ouvrez toute grande la porte à de nouvelles énergies régénératrices et bénéfiques.

Ce qui est passé appartient au passé, inutile de vivre dans le souvenir !

2) Ne « courez pas après plusieurs lièvres à la fois » :

L'énergie suit la pensée, c'est un fait acquis. Mais, en raison de la multitude de pensées contraires qui se bousculent dans les cerveaux, je ne sais pas où pourra se fixer l'énergie si elle se trouve sur un « terrain » aussi mouvant. Bien que ce ne soit pas le lieu ici d'en parler, je dirais juste un mot, il faut rester concentré sur ce que l'on veut (afin de rester sur la fréquence de ce qui est désiré.

Dans le cas contraire, si les pensées sont contradictoires, elles ne font qu'alimenter des micro-égrégores ou formes-pensées avec lesquelles elles sont en relation et qui peuvent (selon les désirs exprimés par ces pensées, devenir destructeurs). Ce n'est pas compliqué ; faites une liste de tout ce qui vous tient à cœur et procédez par élimination (du plus urgent au moins pressé) pour ne garder qu'un seul et unique problème à résoudre. Mais attention, 1 million d'euros peut, certes, permettre d'éliminer bien des difficultés, mais qu'en ferez-vous face à la perte de votre santé ? Réfléchissez.

3) La purification de votre demeure (et de vous-même) :

Lorsque je donnais des consultations, beaucoup de gens dans le commerce et les affaires, faisaient appel à mes services et souvent, je passais après plusieurs tentatives d'interventions par des moyens occultes avortés. Ma première question était toujours celle-ci : « Avez-vous fait un nettoyage énergétique des lieux et de vous-même ? » La réponse était toujours négative.

Alors …

Comment voulez-vous attirer de bonnes énergies dans un lieu énergétiquement en putréfaction ?

Vous pouvez faire tout ce que vous voulez, mettre en place des dispositifs radioniques, des harmonisateurs, pratiquer tous les rituels, rien n'y fera et la raison est là, des énergies stagnantes qui polluent tout ce qui est à leur portée. Oh, il ne faut pas leur jeter la pierre, l'énergie n'y est pour rien, mais reconnaître ses torts est bien plus difficile. Pourtant, si chacun prenait conscience de son propre environnement au niveau des énergies, bien des choses iraient mieux dans la tête et dans la vie.

J'ai toujours répété que si l'hygiène du corps est une chose importante (tout le monde le sait), il fallait aussi penser à l'hygiène énergétique et … spirituelle. Non seulement des lieux mais aussi et surtout de nous-mêmes car nos modes de pensée et d'action nous permettent de distiller goutte à goutte le poison qui nous tuera ou l'élixir qui nous régénèrera. Pour ma part, le choix est vite fait et je l'ai adopté comme une règle de vie. Certes, je ne suis pas un saint, mais je fais tout ce qui est possible pour être clair.

La purification des lieux et de vous-même libère et laisse la place à l'expansion et à l'harmonie. Elle donne un sentiment de légèreté et de liberté, elle vous permettra de réaliser vos désirs avec plus de facilité, que ce soit pour augmenter l'abondance, améliorer votre santé, enrichir votre vie affective, booster votre libido, mais aussi, vous ouvrir à la paix, au bien, au beau, à trouver l'harmonie avec vous-même et les autres, etc. En purifiant le champ énergétique de votre maison et le vôtre, vous devenez limpide et pur comme un cristal et les messages que vous envoyez à l'univers le sont aussi. De ce fait, la réception ne peut en être que meilleure et la source illimitée vous remplira de ce que vous désirez, ceci en raison d'une loi très connue mais peu appliquée, « la nature a horreur du vide ». Mais pour montrer aux énergies que vous êtes « vide » de ceci ou de cela, **il faut appliquer un code bien précis** pour que ce vide devienne « plein ». C'est ce que nous verrons plus loin.

Nous verrons comment procéder aux purifications en détails un peu plus loin dans cet ouvrage.

Pour l'instant, continuons et déterminons ensemble quelle est votre direction favorable car c'est un facteur important au niveau du travail avec l'énergie.

Quelle est votre direction bénéfique ?

Chacun de nous a une direction et une orientation personnelle qui est bénéfique dans tous les domaines de son existence, que ce soit la santé, le travail, etc. ou simplement pour s'asseoir ou pour dormir, cette direction nous assurera de la réception des meilleures énergies et permettra un meilleur rétablissement en cas de maladie. Oubliez ce que vous avez pu entendre jusqu'à présent quant à l'orientation au nord ou à l'est, que telle direction est meilleure qu'une autre, ceci n'a rien à voir avec cela. Il s'agit ici de Votre direction à vous et non celle du voisin (qui bien sûr peut avoir la même que vous ou une autre). Vous pouvez déterminer facilement cette direction à partir de votre date de naissance qui vous permettra d'obtenir un nombre.

Ce nombre qui est compris entre 1 et 9 vous indiquera à quel Elément vous appartenez, quelle direction vous est favorable, quelle couleur, etc.

Voici comment calculer votre nombre, vous allez voir, c'est très facile :

Mais tout d'abord, il faut préciser que si vous êtes né(e) entre le 1er janvier et le 4 février, votre calcul doit prendre en considération l'année précédente. Par exemple, si la naissance a eu lieu le 23 janvier 1959, vous prendrez en compte 1958 et non 1959.

Cette différence est liée au fait que c'est à partir de la deuxième nouvelle lune du solstice d'hiver (21 décembre) que l'année commence dans la Tradition Taoïste. Nous devons donc la respecter pour obtenir des calculs exacts.

Additionnez les deux derniers chiffres de votre année de naissance.

Pour un homme :

Né par exemple en : 1956 5+6=11

Si le total est supérieur à 10, réduisez à un seul chiffre : 1+ 1= 2

Puis vous retirez le nombre obtenu de 10 :

10- 2 = 8. Donc votre nombre est 8 (pour l'exemple).

Important : Si votre nombre est 5, vous utiliserez le 2 à la place. (Ceci est une convention traditionnelle dont les explications dépasseraient allègrement le but de ce texte. Disons simplement que le nombre 5 est lié au centre et que ce centre appartient à certaines pratiques ésotériques de haut niveau en relation avec certaines étoiles.)

Pour les femmes :

- Prenez votre année de naissance ou bien celle qui précède selon votre cas (voir ci-dessus).

Exemple : 1980

- Additionnez les deux derniers chiffres des dizaines et des unités.
Exemple : 8 + 0 = 8

- Si le résultat obtenu est 10 ou plus, additionnez les deux chiffres de ce résultat pour le réduire à un seul chiffre.

Le résultat de notre exemple est 8, comme il est inférieur à 10, nous ne le modifions pas.

- Maintenant ajoutez 5 (uniquement pour les femmes)

Exemple : 8 + 5 = 13

- Si votre résultat ne compte qu'un chiffre c'est votre chiffre Kua.

Si ce résultat comporte deux chiffres, additionnez-les pour n'en obtenir qu'un qui est votre chiffre.

Exemple de notre résultat : "13" se décompose en 1 + 3 = 4.

Le chiffre d'une femme née en 1980 est donc 4.

Important : En tant que femme, si votre nombre est 5, vous le remplacerez par le 8 (pour les mêmes raisons évoquées plus haut).

Précisions :

Pour les filles nées à partir de l'année 2000, ajoutez 6 au lieu de 5.

Pour les garçons nés à partir de l'année 2000, soustrayez 9 au lieu de 10.

Votre direction bénéfique et quelques éléments supplémentaires

Le nombre 1 est associé à la direction du Nord, à l'Elément Métal et à la couleur blanche.

Le nombre 2 est associé à la direction du Sud-Ouest, à l'Elément Eau et à la couleur noire.

Le nombre 3 est associé à la direction de l'Est, à l'Elément Eau et à la couleur verte.

Le nombre 4 est associé à la direction du Sud-Ouest, à l'Elément Bois et à la couleur Bleu-vert.

Le nombre 5 est associé au centre, à l'Elément Terre et à la couleur jaune.

Le nombre 6 est associé à la direction Nord-Ouest, à l'Elément Métal et à la couleur blanche.

Le nombre 7 est associé à la direction de l'Ouest, à l'Elément Feu et à la couleur rouge.

Le nombre 8 est associé à la direction Nord-Est, à l'Elément Métal et à la couleur blanche.

Le nombre 9 est associé à la direction du Sud, à l'Elément Feu et à la couleur pourpre.

Les attributions utilisées ici sont issues de la tradition ésotérique Taoïste. Pour profiter pleinement de celles-ci, soit pour être en bonne santé ou pour un meilleur rétablissement, lorsque vous vous couchez ou lorsque vous êtes assis, il faudra que votre tête de lit ou votre dos se dirige dans votre direction bénéfique selon votre nombre. De même, le fait de rester le plus longtemps possible dans la zone correspondante à ce nombre dans votre habitation est très bénéfique. Par exemple, placer votre bureau, le salon ou la chambre à coucher dans ce palais.

L'indication de votre couleur peut également vous être utile.

Par exemple, si mon nombre est 7, ma direction de santé sera l'Ouest et porter du rouge me sera favorable (même s'il s'agit d'un petit morceau de tissu caché sous ma chemise).

M8 blanc
J7 rouge

La notion de Chi, de önd, d'énergie, d'orgone

Quel que soit le nom donné, il s'agit de la même chose, de la même énergie. Les Tahitiens l'appellent Mana, les indiens le Prana, les anciens égyptiens Ka, les sioux le Wakonda, les japonais le Ki, d'autres encore lui donne d'autres noms. Ce n'est pas important, l'essentiel étant de savoir qu'il y a une énergie invisible mais parfaitement disponible qui est à notre portée et véhiculée entre autre par …

Les cinq Eléments

La tradition occidentale évoque souvent les quatre éléments, mais c'était un leurre pour les personnes non initiées, il y a toujours eu et il y a toujours cinq éléments plus un sixième dont nous parlerons plus loin.

L'Eau :

Direction : Nord
Planètes : Lune et Mercure
Solide Platonicien : Icosaèdre
Couleurs : Noir, bleu-nuit
Formes : Ondulées, sinueuses
Phase lunaire : NL (nouvelle lune)
Saison : Hiver

Organes : Les reins, la vessie
Position naturelle dans le carré magique : Carrière
Fonctions : L'eau immobile (mais pas stagnante) : Apporte le calme, apaise et clarifie. Augmente sagesse et connaissance, maintien de la richesse.

Bon Elément dans toutes les zones sauf celles de la renommée et celle du mariage.

L'Eau courante : Apporte la richesse et favorise une bonne santé financière, aide dans les rapports sociaux, l'amitié, les bons contacts professionnels.

L'Elément Eau est une force de cohésion et d'équilibre.

Le Bois :

Direction : Est
Planète : Jupiter
Solide Platonicien : Dodécaèdre
Couleurs : Vert, bleu clair, pourpre
Formes : Colonne, rectangle debout, cylindre
Phase lunaire : Lune croissante
Saison : Printemps
Organes : Foie, vésicule biliaire
Position naturelle dans le carré magique : Famille
Fonctions : Est une énergie de croissance, de renouveau, d'expansion, de dynamisme, de prospérité, de progrès, d'évolution, de vie, force de création, stimule les idées et les projets.

Associé à l'Elément Ether, il imprègne tout dans son expansion illimitée, sa force est la création.

J

Le Feu :

Direction : Sud
Planète : Mars
Solide Platonicien : Tétraèdre
Couleurs : Rouge, pourpre, orange vif
Formes : Pyramide, triangle
Phase lunaire : PL (pleine lune)
Saison : Eté
Organes : Cœur, intestin grêle
Position naturelle dans le carré magique : Renommée
Fonctions : Energie ascendante, de succès et de reconnaissance publique, l'enthousiasme, le rayonnement, l'action, le plus haut niveau d'expansion, la rapidité, la chance.

Le principe même de cet Elément est la lumière et la chaleur, sources d'énergie qui, lorsqu'elles sont associées à la combustion rendent la vie possible.

La Terre :

Direction : Le centre
Planète : Terre et saturne
Solide Platonicien : Hexaèdre
Couleurs : Jaune, brun, orange, rouille.
Formes : Carrées, plates et basses, le rectangle horizontal, le cube
Phase lunaire : Aucune
Saison : Chaque changement de saison correspondant aux récoltes.
Organes : Estomac, rate
Position naturelle dans le carré magique : Le centre
Fonctions : Energie de stabilité, de sécurité, d'équilibre, de concentration, de connexion, de centrage et d'ancrage. Energie de fertilité et de croissance, conscience, réflexion, fidélité.

Le principe force de l'Elément Terre est la gravité avec son immense champ magnétique.

M

Le Métal :

Direction : Ouest
Planète : Vénus
Solide Platonicien : Octaèdre
Couleurs : Blanc, or, argent, gris clair
Formes : Cercle, sphère, dôme, ovale, arc
Phase lunaire : Lune décroissante
Saison : Automne
Organes : Poumons, colon
Position naturelle dans le carré magique : Enfants
Fonctions : Energie de communication associée à l'argent (l'or) ou au combat (le fer). Contraction, créativité, réussite des projets, vitalité des enfants, organisation.

Associé à l'Elément Air qui véhicule l'énergie vitale universelle, il est une force de mouvement.

Grande utilité de la connaissance du cycle des Eléments

Les cinq Eléments ne sont pas rigides mais forment entre eux une sorte de danse énergétique sans fin, dont on retient principalement deux cycles, l'un est dit créatif (générateur, producteur) et l'autre est dit destructeur (inhibiteur, d'affaiblissement).

Non seulement les cinq éléments sont parfaitement utilisables tels quels pour apporter un soutien puissant, mais on peut également se servir des cycles de création ou de destruction pour susciter les changements désirés.

En vérité, il n'y a pas deux cycles (construction et destruction) mais cinq. Nous allons voir les trois cycles principaux et je vous recommande vivement l'étude de ce chapitre.

Ces trois cycles sont :

1- Le cycle de production
2- Le cycle d'affaiblissement
3- Le cycle de contrôle

Dans la tradition platonicienne, les éléments sont bien au nombre de cinq, le centre en est le point de contact avec les quatre autres et les quatre directions principales, car, s'il existe bien quatre axes, il existe en fait cinq mouvements de l'énergie.

Le carré est générateur de la forme, c'est-à-dire fixateur d'énergie. Ce principe de cinquième élément se retrouve au niveau des saisons, il n'y a pas quatre, mais cinq saisons. Cette cinquième saison est divisée en quatre parties de 18 jours, et ceci correspond à une quintessence entre ce qui est (la saison qui se termine) et ce qui n'est pas (la saison qui vient). Ces quatre périodes de 18 jours ne sont pas le fruit du hasard, mais le « passage » vers un « centre ».

Le cycle de production (ou de création) :

Dans ce cycle, chaque élément se crée et se nourrit par rapport à l'autre dans un processus continuel, voici comment.

Le Bois alimente le Feu (en brûlant)
Le Feu engendre la Terre (les cendres vont à la terre qui la nourrissent)
La Terre produit le Métal (fruit de la terre)
Le Métal engendre l'Eau (effet de condensation ou métal fondu)
L'Eau nourrit le Bois (pas d'eau, pas de forêts)
Etc. et ce cycle se renouvelle indéfiniment.

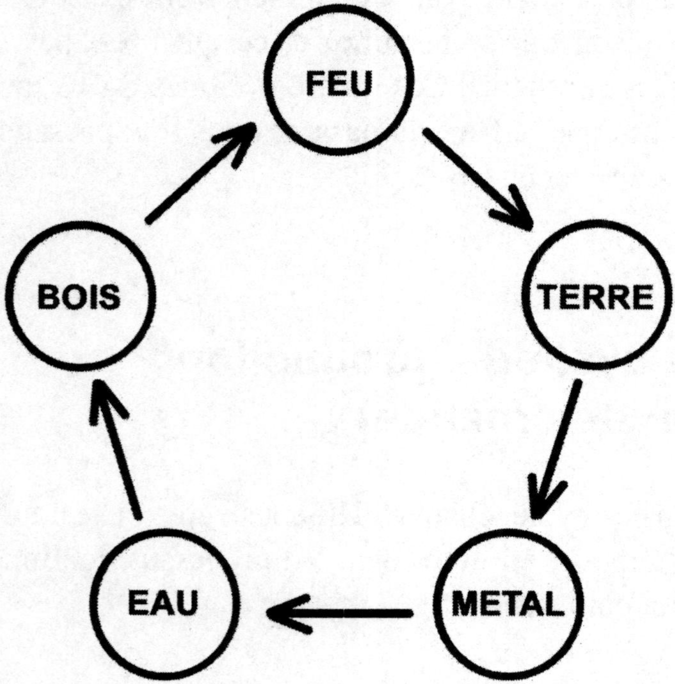

On utilise ce cycle pour renforcer ou favoriser un Elément défaillant. Par exemple, pour renforcer le Bois, on utilise de l'Eau (l'eau nourrit le bois). Vous en aurez de nombreux exemples dans le texte.

Le cycle d'affaiblissement (ou de réduction) :

L'utilité de ce cycle, est de permettre de corriger et de rééquilibrer en douceur une situation donnée ou certains déséquilibres que pourrait engendrer le cycle de destruction.

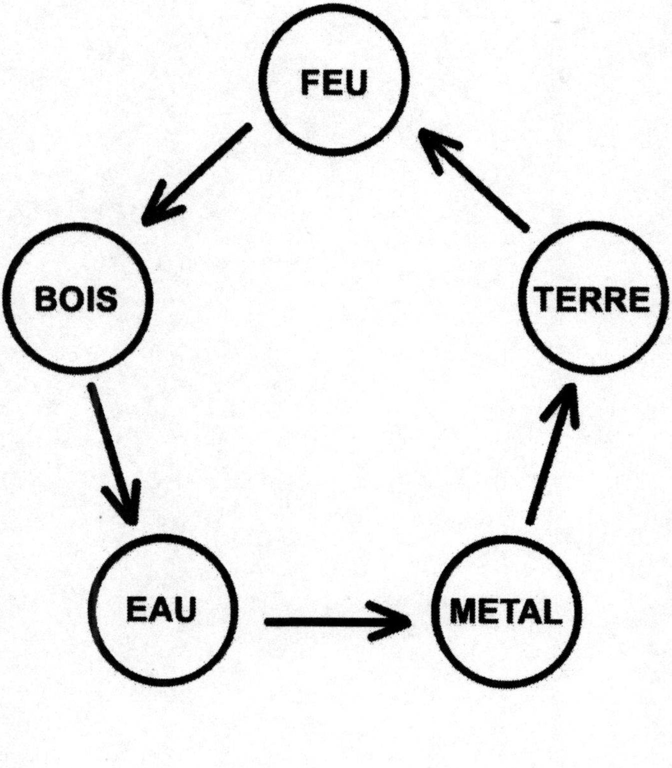

Le Feu réduit le Bois
La Terre réduit le Feu
Le Métal réduit la Terre
L'Eau réduit le Métal
Le Bois réduit l'Eau

Le cycle de contrôle (ou de destruction) :

Egalement appelé cycle d'équilibre, il permet de ramener à l'harmonie, à l'équilibre un élément trop fort, voici son fonctionnement.

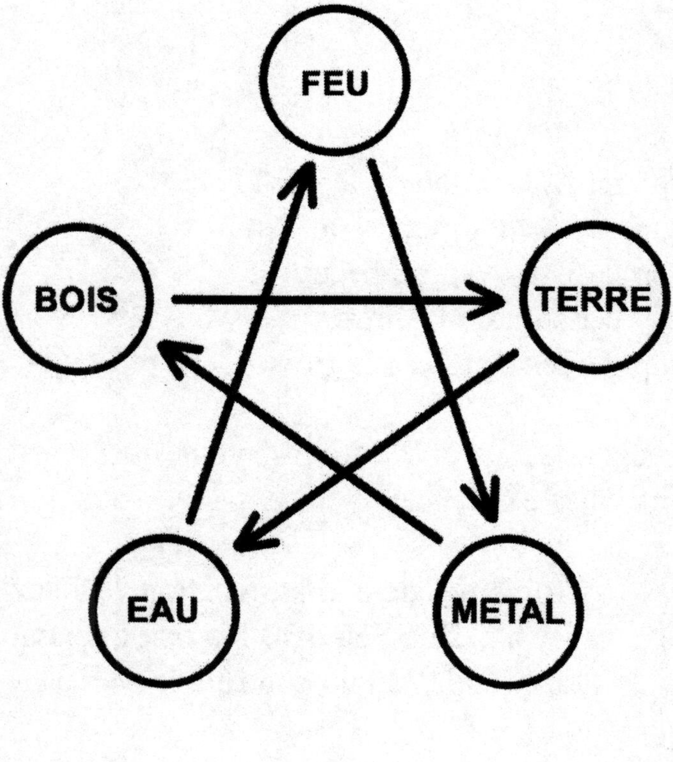

Le Bois contrôle la Terre (ses racines maintiennent et retiennent la terre)
La Terre contrôle l'Eau (les digues, les barrages, les canalisations par exemple)
L'Eau contrôle le Feu (tout le monde le sait)
Le Feu contrôle le Métal (il le fond)
Le Métal contrôle le Bois (il le coupe, le sculpte, etc.)

Mais …

Trop de Bois émousse le Métal
Trop de Métal repousse le Feu
Trop de Feu évapore l'Eau
Trop d'Eau noie la Terre
Trop de Terre étouffe le Bois

Ce cycle sera donc utilisé si vous observez ceci dans votre existence.

- Problèmes de communication ? Voyez s'il n'y a pas de Feu dans la position naturelle du Métal. (le Feu contrôle le Métal)

- Vous faites l'objet de médisances ou votre réputation en a pris un coup ? Voyez s'il n'y a pas de l'Eau dans la position naturelle du Feu. (L'Eau contrôle le Feu).
- Vous avez des problèmes de santé à répétition ? Voyez si le Bois n'est pas dans la position naturelle de la Terre. (Le Bois contrôle la Terre)
- Des problèmes professionnels ? Voyez s'il n'y a pas de Terre dans la position naturelle de l'Eau. (La Terre contrôle l'Eau)
- Votre couple est au bord de la faillite ? Voyez s'il n'y a pas de Métal dans la position naturelle du Bois. (Le Métal contrôle/coupe le Bois)

Juste un mot sur un autre cycle, celui des éléments de nouvelle génération. Je l'ai laissé juste pour que vous sachiez qu'il existe, mai~~n~~s ne l'utilisez que si vous avez bien compris les cycles précédents.

Le cycle des éléments de nouvelle génération :

Pour bien comprendre et assimiler ce qui suit, notez que :

L'Eau engendre le Bois qui nourrit **le Feu.**
Le Bois nourrit le Feu qui crée **la Terre.**
Le Feu engendre la Terre qui crée **le Métal**.
La Terre produit le Métal qui fournit **l'Eau**.
Le Métal fournit l'Eau qui engendre **le Bois.**

Le Feu est un élément de nouvelle génération issu de l'Eau et du Bois. La Terre est donc un élément de nouvelle génération issue du Bois et du Feu, etc. (Les éléments de nouvelle génération sont en gras ci-contre).

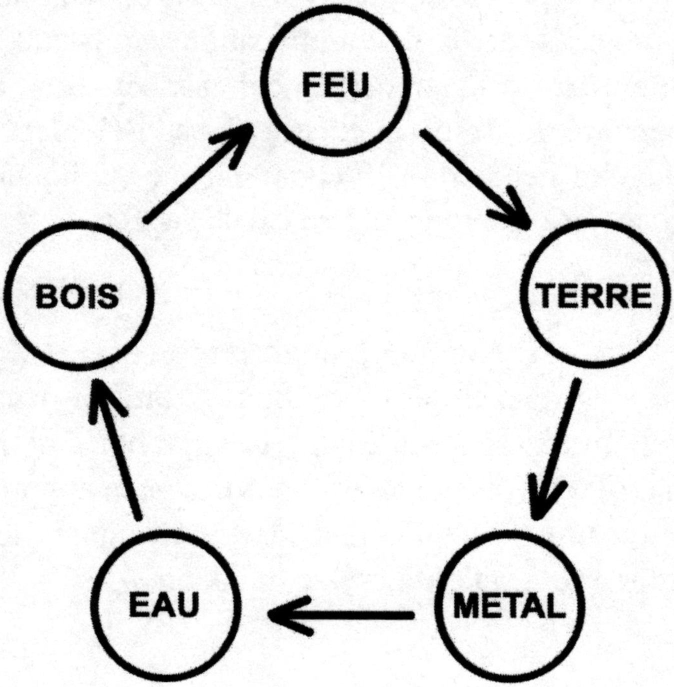

Alors, me direz-vous, c'est bien beau tout ça, mais quelle utilité dans la pratique ?

Celle-ci :

L'Elément de nouvelle génération permet de renforcer l'un ou l'autre ou même les deux Eléments créateurs !

Si par exemple, vous désirez améliorer votre sens de la communication, le Métal est l'élément qui concerne cet aspect. Le Feu engendre la Terre et le Métal est l'élément de nouvelle génération. Et pour mieux expliquer le processus, l'union du Feu et de la Terre crée le Métal.

C'est pourquoi, pour renforcer le Métal (dans notre exemple) vous pouvez utiliser dans la position naturelle du Métal, des symboles de Feu ou de Terre (ou encore les deux). Le Feu apportera le dynamisme et l'expansion, alors que la terre apportera la stabilité et la connexion.

Récapitulatif du rôle joué par chaque Elément

- le bois est nourri par l'eau
- le bois nourrit le feu
- le bois est coupé par le métal
- le bois épuise la terre

- le feu est nourri par le bois
- le feu nourrit la terre (les cendres)
- le feu est éteint par l'eau
- le feu fait fondre le métal

- la terre est régénérée par le feu
- la terre forme le métal
- la terre est appauvrie par le bois
- la terre retient (ou absorbe) l'eau

- le métal est formé par la terre
- le métal enrichit l'eau (oligo-éléments)
- le métal est détruit par le feu
- le métal coupe le bois

- l'eau est enrichie par le métal
- l'eau nourrit le bois
- l'eau est maîtrisée par la terre
- l'eau éteint le feu

La notion de 6ème Elément

Toute manipulation (tout travail sur l'énergie) sur les forces subtiles, que ce soit en magie, en radionique, en alchimie etc. passe inévitablement par un sixième élément qui est le support de toute information et qui englobe la totalité de l'univers.

Cette notion de sixième élément est peu connue, pourtant il est la trame de l'univers, la Lumière qui baigne et pénètre tout, celle qui permet de remonter vers la Source Originelle de la Création, vers l'Unité de toutes choses, Dieu !

Les cinq éléments baignent la terre de leurs influences réciproques, on les connaît bien, on sait exactement calculer leurs moments d'activité, leurs directions et travailler avec eux. Les planètes et les étoiles ont aussi leurs influences respectives que l'on connaît bien également et qu'on utilise, mais le sixième élément les englobe tous et toutes. Aucune planète, aucune étoile de l'univers, aucune énergie, ne peut être, ne peut exister sans ce sixième élément, et cela, depuis le premier souffle de l'univers, depuis le Big Bang qui sépara la Lumière de la Matière pour se mettre au service de ces deux énergies. Einstein avait bien comprit le principe lorsqu'il mit en lumière sa fameuse formule E=MC2 et l'exposa au monde scientifique. Le seul problème, c'est que sa formule considère la matière dans son état immobile. Or, rien dans la création n'est immobile !

Au niveau de la matière, le sixième élément a tissé une trame de matière très serrée, qui permet aux corps célestes de pouvoir se reconstituer dans de nouvelles nébuleuses après leur destruction (temps de vie), et ainsi de pouvoir former de nouvelles galaxies et planètes.

Au niveau de la lumière, le sixième élément a

tissé une trame de lumière pour que l'Esprit puisse animer toute chose dans l'univers et lui permettre de le retrouver en remontant à La Source Originelle.

Ce sixième élément est comme les mailles très fines d'un filet dans lequel tout corps y est présent, de l'infiniment petit à l'infiniment grand, et dans lequel toute information circule. **L'élément Ether, qui est pourtant le plus insaisissable, est de la « matière » si on le compare au sixième élément.**

C'est donc grâce à cet élément, support Mère et matrice des cinq autres, que des activations sont possibles, par l'information « entendue » par le Qi universel (car il y a des Qi spécifiques aux végétaux, aux minéraux, aux montagnes, aux grottes, aux nuages, aux étoiles, aux planètes, aux animaux, aux formes, etc. et à l'être humain bien sûr). Disons plus simplement que l'information (venant de votre pensée) et véhiculée par le sixième élément, va « toucher » l'énergie universelle laquelle, par vos actes rituels, va informer les éléments qui vont mobiliser leur énergie pour réaliser votre pensée de départ.

Les zones du carré de Saturne (ou carré des 9 étoiles)

Si l'on se réfère à la Tradition occidentale (pourtant très riche), on ne trouve rien qui soit vraiment intéressant pour épancher sa soif de connaissances en ce qui concerne le carré magique de Saturne. C'est loin d'être le cas avec la Tradition secrète du Dao (système ésotérique issue du Taoïsme) en Chine qui donne des instructions très précises sur l'art des 9 étoiles, des 9 palais, et qui enseigne une Magie et une Alchimie de très haut niveau en relation avec les sept étoiles de la grande ourse et de l'étoile polaire (et d'autres encore). Sans aller jusque-là, vous trouverez ici quelques informations que vous pourrez aisément mettre en pratique pour votre plus grand bien.

Bien souvent dans les livres de Feng-Shui, les Palais sont sous la forme d'un octogone. Or, d'après mes récentes recherches, cette forme géométrique est relativement récente (quelques siècles à peine alors que la Tradition sur laquelle je m'appuie est vieille de plus de 8 000 ans) et les anciens maîtres ne l'ont utilisé que pour une forme de magie. Dans le cadre d'harmonisations de lieux, c'est le carré magique de Saturne qui était couramment utilisé.

Voici donc sous la forme du carré, les 9 palais dont vous trouverez dans les pages suivantes les significations précises et les diverses applications.

Le nombre que vous avez précédemment calculé se rapporte au Palais qui est le meilleur emplacement pour vous.

Prospérité 4	Sud Renommée / Longévité 9	Mariage / Relations 2
Famille 3	Santé 5	Famille / Enfants 7
Savoir / Connaissances 8	Nord Carrière 1	Gens qui aident 6

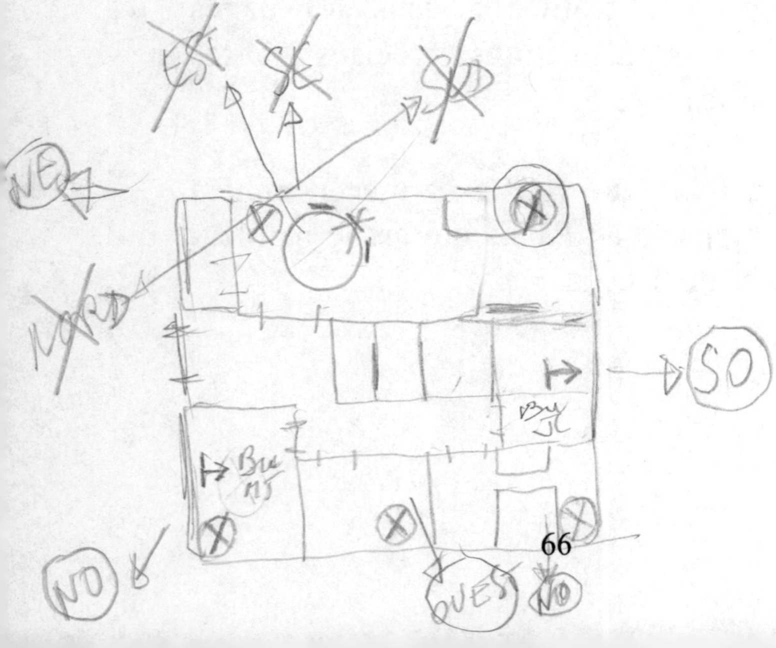

Significations des zones du carré

Les signes (+) et (–) indiquent la polarité énergétique (yang ou yin, énergie mâle ou femelle) et ne doivent pas être considérés en termes réducteurs de positif (bien, bon) et de négatif (mauvais, pas bon). Ces considérations n'ont rien à faire ici et vous constaterez qu'un même élément peut être soit + dans une zone et être – dans une autre. A noter que le nombre que vous avez précédemment calculé vous attribue un Palais dans lequel vous pouvez puiser l'énergie qui caractérise ce chiffre. En ce qui me concerne, j'ai le chiffre 8 et ainsi que toute personne qui possède ce chiffre, je peux me ressourcer et capter la meilleure énergie dans le palais 8 dans la pièce situé au Nord-Est (ou me placer en face de la direction du Nord-Est lorsque je suis debout ou assis et le sommet du crâne en direction du Nord-Est lorsque je suis allongé. En effet, l'énergie pénètre par le Bai Hui au sommet du crâne en position horizontale).

Mais ce n'est pas tout :

Si ce chiffre indique la meilleure orientation, il y en d'autres. En fait, **il existe quatre emplacements et directions favorables et quatre emplacements et directions défavorables,** les voici :

Si votre nombre est : 1, 3, 4 ou 9

Vos directions favorables sont : Est, Sud-Est, Sud, Nord.
Vos directions défavorables sont : Nord-Est, Sud-Ouest, Ouest, Nord-Ouest.

Si votre nombre est : 2, 6, 7 ou 8

Vos directions favorables sont : Nord-Est, Sud-Ouest, Ouest, Nord-Ouest.
Vos directions défavorables sont : Est, Sud-Est, Sud, Nord.

Il va de soi que si votre chambre à coucher se trouve dans un palais 7 alors que votre nombre est 1, vous aurez plus de difficultés concernant cette zone, peut-être à concevoir des enfants ou votre créativité en pâtira. De même et toujours avec cet exemple, si votre bureau se trouve en zone 6, vous aurez de bons contacts et pourrez de ce fait multiplier vos chances de gagner de l'argent si tel est votre souhait ou faire des rencontres intéressantes.

J Feu Rouge 7
M Métal Blanc 8

Zone 1 : La carrière.

Elément : Eau (-)
Partie du corps : Oreilles, reins, vessie
Direction : Nord
Couleurs : Noir, bleu-nuit

Concerne le mouvement, trouver votre voie, trouver un travail, aimer votre travail, le rendre plus valorisant et/ou plus enrichissant, gagner plus d'argent, obtenir la promotion si longtemps attendue et autres avancements de carrière, votre réussite professionnelle, obtenir de meilleures relations avec vos collègues de travail, comprendre ce que vous désirez vraiment faire dans votre vie pour obtenir la reconnaissance de vos qualités professionnelles, embellir vos relations avec le monde extérieur, devenir plus sociable, développer vos moyens de communication, permet d'écouter la « petite voix » qui est au fond de votre cœur, stimuler votre vie sexuelle, faire en sorte que les affaires reprennent ou bien démarrer une affaire.

Zone 2 : Les relations.

Elément : Terre (-)
Partie du corps :
Estomac et tous les organes majeurs
Direction : Sud-ouest
Couleurs : Rose, orange, rouge, blanc

Concerne votre réceptivité aux besoins des autres, l'amour, votre couple, le mariage, l'union, les femmes en général, votre mère, votre sœur, votre femme, etc. Le partenariat, vos relations affectives, vos capacités à trouver un nouveau partenaire, vous engager sans crainte dans une relation amoureuse, faire confiance et s'ouvrir aux autres, obtenir de meilleurs rapports avec votre famille ou vos amis, votre chance affective, pour trouver une personne qui partagera votre vie, avoir de meilleures relations professionnelles avec vos associés, clients, fournisseurs, et tout partenaire ou collègue de travail, vous réconcilier avec votre conjoint, épanouir votre vie sexuelle, faire revenir une personne aimée, favoriser les rencontres en général.

Zone 3 : La famille.

Elément : Bois (+)
Partie du corps : Pieds, foie
Direction : Est
Couleurs : Vert

Concerne votre vie familiale, vos ancêtres, mais aussi votre vitalité et votre capacité à rester en bonne santé, avoir confiance en vous, prévenir les conflits ou rétablir l'harmonie entre deux ou plusieurs personnes, avoir les moyens de pouvoir régler vos factures pour toujours, améliorer votre vie affective et sexuelle, faire face aux situations stressantes, faire de bonnes affaires et avoir de meilleures relations avec les employés, favoriser les ventes, le management, dynamiser les ressources humaines, équilibrer votre vie affective, faire de bons choix, être accepté comme membre de la famille par des proches non liés par le sang, pour créer une ambiance joyeuse, obtenir l'esprit de clan, évoluer positivement vers le bonheur.

Zone 4 : La prospérité.

Elément : Bois (-)
Partie du corps :
Vésicule biliaire, hanches, jambes
Direction : Sud-est
Couleurs : Rouge, violet, or, vert, pourpre

Concerne votre capacité à gagner de l'argent, à améliorer le flux financier, recevoir des avantages (pas toujours et forcément financiers), obtenir une augmentation de salaire, ouvre votre capacité à recevoir, stabiliser vos revenus, vous ouvrir à l'abondance des biens de ce monde.
Que dire de plus, sinon d'augmenter votre statut financier et souvent, de façon spectaculaire et rapide pour les entreprises et toutes personnes non liées à un salaire fixe (professions libérales, commerçants, etc).

Zone 5 : La santé.

Elément : Terre (- et +)
Partie du corps :
Toutes celles qui ne sont pas citées
Direction : Centre
Couleurs : Ocre, brun, jaune

Cette zone ne correspond à aucun nombre de naissance, mais trouverez ici quelques-unes de ses significations.

Concerne votre équilibre interne, votre vie en général, votre état de santé, avoir plus d'énergie, de vigueur, de vitalité, développer le sens du juste milieu et favoriser une hygiène de vie, est en relation avec votre être profond et influence tous les aspects de votre vie, permet la disparition de la nervosité, de l'insomnie, des migraines, réduit les états dépressifs, développer la confiance en soi. Pour une société ou toute autre entreprise, concerne aussi bien la santé des personnes physiques, mais aussi la santé de l'entreprise, c'est-à-dire sa vitalité et sa santé financière.

Zone 6 : Les gens qui aident.

Elément : Métal (+)
Partie du corps : Tête, gros intestin
Direction : Nord-est
Couleurs : Gris, blanc, les tons pastel

Concerne votre réseau de contacts (toutes sortes de contacts, qu'ils soient privés, professionnels, ou simplement relationnels), toute personne qui peut vous apporter du soutien, du sponsoring, de l'aide, pour que vous soyez bien traité, trouver des aides et ne plus faire les choses tout seul, vous trouver au bon endroit au bon moment, faire des rencontres prometteuses, pour que les choses marchent bien, se fassent facilement, avoir accès à votre intuition, concerne les hommes en général votre père, frère et les voyages. Pour voyager en sécurité, faciliter un voyage, le réussir et le rendre plaisant, améliorer vos relations avec les clients, fournisseurs, employés, associés, collègues, etc. pour faciliter une mutation à l'étranger, un travail, une affaire. Améliorer les ventes à l'étranger ou les relations, faciliter les échanges intellectuels et financiers en les rendant très positifs, appuis divers en toutes circonstances.

Zone 7 : La créativité.

Elément : Métal (-)
Partie du corps : Bouche, poumons
Direction : Ouest
Couleurs : Blanc, or

Concerne votre capacité à créer à partir de rien (quel que soit votre domaine de prédilection), avoir de meilleures idées (voire géniales et une seule peut faire votre fortune), sortir d'une impasse, aider vos projets à se réaliser, être plus performant, freiner le processus de vieillissement, mener les choses rondement et à terme, mieux communiquer, être plus détendu, plus calme et serein, être plus coquin(e) ou performant dans vos relations sexuelles, avoir un sentiment de liberté, pour libérer votre imagination et votre façon de penser, augmenter votre bien-être, favoriser la venue d'un enfant, aider vos enfants dans leurs études, se faire écouter d'eux, obtenir la clarté et la qualité de votre capacité à communiquer, sommeil réparateur avec disparition des cauchemars, augmenter votre mémorisation et votre concentration.

Zone 8 : La connaissance.

Elément : terre (+)
Partie du corps : Mains, rate
Direction : Nord-est
Couleurs : Marron, vert, noir, bleu nuit, rouge

Concerne votre capacité à apprendre et assimiler, si vous désirez augmenter votre intelligence, vos capacités mentales et spirituelles, pour stimuler les études (n'importe lesquelles et à n'importe quel âge), acquérir et assimiler des connaissances, augmenter votre concentration, prendre de bonnes décisions, devenir plus sage et plus avisé, attirer des occasions et des gens favorables, mieux vous connaître, développer le rayonnement de votre personnalité, faciliter ou augmenter votre vie spirituelle, comprendre les mystères, faire bon usage de votre savoir, bien connaître votre métier, obtenir des informations et en faire bon usage, améliorer vos relations, trouver la force nécessaire, faire aboutir toute recherche, épanouissement de votre conscience, évolution vers la Lumière, compréhension de la nature, des choses et des gens, réflexion et maîtrise de soi, paix et joie intérieure. C'est dans cette zone que vous devez installer un oratoire ou simplement un autel pour pratiquer vos exercices spirituels et vos rituels.

Zone 9 : La renommée.

Elément : Feu (+)
Partie du corps : Les yeux, le coeur
Direction : Sud
Couleurs : Rouge, or, jaune

Concerne votre réputation, l'attention que les autres vous portent, mais aussi et surtout comment les autres vous voient. Pour améliorer votre image (pensez à vous « relooker » si nécessaire), pour entreprendre, vous faire connaître, vous faire « briller », vous faire apprécier et même aimer, protéger votre réputation, obtenir plus de respect, être soutenu dans vos actions, améliorer vos relations (tant professionnelles que privées), vous accepter et/ou vous faire accepter tel que vous êtes, être considéré par vos pairs, faire mieux passer vos messages, idées, envies, etc. obtenir diverses facilités dans vos rapports sociaux (par exemple : un prêt de votre banquier).

Attention :

Ne placez jamais rien de compromettant dans cette zone, car ce que vous vouliez cacher serait vite découvert. Au contraire, placez-y tout ce qui peut valoriser votre image et vous mettre en valeur. L'aura de cette zone est si importante, qu'elle rejaillit sur les autres dans un puissant rayonnement. C'est elle qu'il faut activer si vous voulez rayonner, avoir plus de confiance en vous-même, augmenter votre magnétisme, rayonner et évoluer vers le succès.

Où se trouve la zone de la prospérité ?

C'est très simple !

La zone de la prospérité se trouve face à vous, au fond sur votre gauche lorsque vous entrez chez-vous par la porte d'entrée, ou pénétrez dans n'importe quelle pièce de votre habitation.

Fauteuil du salon
Vin de la cuisine
piano du Bureau
télé 80 du salon
Tapis de marche

p. 66

Activer la zone de la prospérité

Dans la zone de prospérité, est colorié en noir une zone dites « prospérité de la prospérité »... son vortex, en quelque sorte. Cet espace doit être particulièrement actif si vous voulez obtenir des résultats dépassant vos espérances.

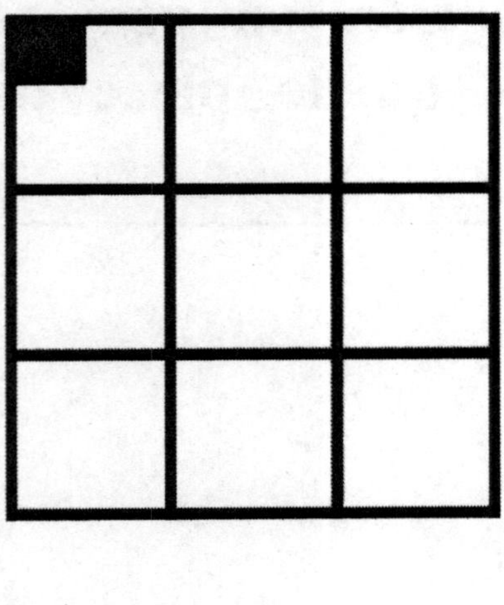

Conseils préliminaires et utiles à la zone de la prospérité.

1. Procédez à la purification de la zone concernée.
2. Mettez du scotch rouge aux tuyaux d'arrivée d'eau.
3. Gardez la porte des toilettes et de la salle de bain toujours fermées.
4. Toujours refermer l'abattant des WC après utilisation.
5. Fermer les bondes des éviers, de la baignoire, de la douche.
6. Ne pas laisser traîner de vieilles choses.
7. Cette zone doit toujours propre, nette et en ordre. (Valable pour toutes les zones).

8. Evitez « comme la peste » tout objet en métal (le métal coupe le bois).
9. N'entassez rien dans cette zone (ni dans les autres d'ailleurs).
10. Eliminez les plantes ou les fleurs malades ou fanées. Changez-les et ne gardez que des plantes saines.
11. Un aquarium est de bon ton dans cette zone.
12. Une fontaine d'intérieur ou simplement un bol d'eau claire (changé tous les jours) sont d'un très bon effet.
13. Evitez les plantes à feuilles pointues ou piquantes (surtout les cactus), tout comme les plantes sèches (ce sont des plantes mortes !).
14. Faites attention à ce qu'il n'y ait aucune fuite d'eau dans cette zone.
15. Enlevez immédiatement tout objet cassé, abîmé ou « réparé ».
16. Enlevez aussi toute photo souvenir (par ex : du temps où vous étiez étudiant et « fauché », bref, tout ce qui peut rappeler le temps « des vaches maigres ».

17. Si votre frigo se trouve dans cette zone, faites en sorte qu'il soit toujours plein (ou déposez à l'intérieur quelques billets enroulés et liés avec un fil de laine rouge de 9 cm), ou encore gardez une bouteille de champagne ou une boite de caviar.
18. Pas de poubelle dans cette zone (vous jetez votre argent à la poubelle ?). Si vous ne pouvez faire autrement, entourez-la d'un ruban de scotch rouge.
19. S'il y a une cheminée dans cette zone (vous brûlez votre argent ou il part en fumée ?), compensez le problème en plaçant un bol d'eau (l'énergie de l'eau se mêlera à celle du feu pour engendrer une énergie éthérique de couleur or très bénéfique).
20. Espérons que les toilettes ne se trouvent pas dans cette zone de votre habitation. L'énergie des toilettes « aspire » rapidement le flux financier. Si c'est le cas, compensez en plaçant un miroir (face vers le haut) derrière la cuvette, un autre dans le réservoir d'eau, et un autre sur le

dessus du réservoir (face vers le haut). De même enroulez un ruban rouge à l'arrivée d'eau et autour du tuyau d'évacuation.

21. Préférez à tout autre endroit, l'emplacement de votre bureau dans cette zone, de la caisse, bref, tout ce qui a trait à l'argent gagné ou à gagner, vous les placerez dans cette zone.
22. Si vous vivez dans un immeuble et utilisez un vide-ordures, cachez-le et placez un miroir au-dessus (collé au plafond) et barrez l'influence nocive des ordures avec un scotch rouge que vous collerez sur l'ouverture.
23. Placez un miroir dans votre frigidaire, cela doublera la nourriture et aura une action bénéfique sur votre subconscient.

Si vous ne deviez observer qu'une règle et une seule, retenez celle-ci :

Ordre et Propreté

Ce sont deux mots mais qui vont de pair : l'un ne va pas sans l'autre pour favoriser le bien-être, la vie et la santé !

Dans tous les cas, faites tout votre possible pour observer ces quelques règles élémentaires dont quelques unes ne sont que du bon sens. Je sais parfaitement qu'à cœur vaillant, rien n'est impossible. Il en va de votre changement, de votre ascension et de votre bien-être. Que dire de plus !

La zone de la prospérité

Comme vous allez le voir, activer le mouvement de l'énergie de l'argent et du bien-être financier qui en découle, ne relève pas d'une seule zone comme on pourrait le penser. Bien sûr, la zone de la prospérité est la première concernée, mais l'argent à une source bien précise, le travail bien sûr, mais aussi il peut venir d'origines diverses, et c'est ainsi qu'au cours de ces pages, nous allons voir toutes les « mines » d'euros possible.

Il n'est pas utile de mettre en œuvre tous les procédés qui vont suivre pour activer la zone de la prospérité. Choisissez-en un, deux ou trois parmi ceux qui vous semblent les plus faciles ou qui vous attirent.

Par contre, et je trouve ce principe essentiel, ce n'est pas parce que vous gagnez de l'argent dans votre bureau que la zone prospérité de ce dernier sera activée. Certes, vous obtiendrez des résultats mais pas « fulgurants ». C'est la raison pour laquelle, je vous conseille d'activer chaque zone de la prospérité de chaque pièce de votre habitation, et en particulier le bureau, la chambre, le salon, la cuisine, ainsi que la zone opposée et/ou voisine et de « soigner le look » de la porte d'entrée.

Cette zone du carré correspond dans l'espace à l'Elément Bois et Jupiter en est la planète à activer.

Commencez par éliminer toute force négative et purifiez l'espace concerné par un rituel adapté à la zone. Vous pourrez ensuite, avec toutes les chances de succès, mettre en place une ou plusieurs activations.

Rejet des forces négatives d'une habitation

Notez bien :
Ce petit rite de purification ne s'applique pas qu'à la seule zone de la prospérité, mais à toutes les cases du carré.

Voici un rite simple, rapide, efficace et très pratiqué en Espagne, en Corse, en Italie, en Grèce, en Provence et dans tout le pourtour méditerranéen chrétien avec plus ou moins de variantes.

- Prenez 3 oranges, 3 citrons jaunes et 3 citrons verts. Pelez-les et gardez les peaux que vous couperez chacune en 9 morceaux (égaux ou inégaux peu importe).

- Prenez un bol d'eau et placez les dedans.
- Récitez alors la formule d'exorcisme et de consécration de l'eau (voir page 171).
- Ceci fait, prenez le bol dans la main gauche, et allez jusqu'à la porte d'entrée (à l'intérieur), plongez le bout des doigts (uniquement les deux doigts du milieu de la main, majeur et annulaire) de la main droite dans l'eau, et projetez cette eau à l'entrée comme indiqué sur le dessin.

1 **2**

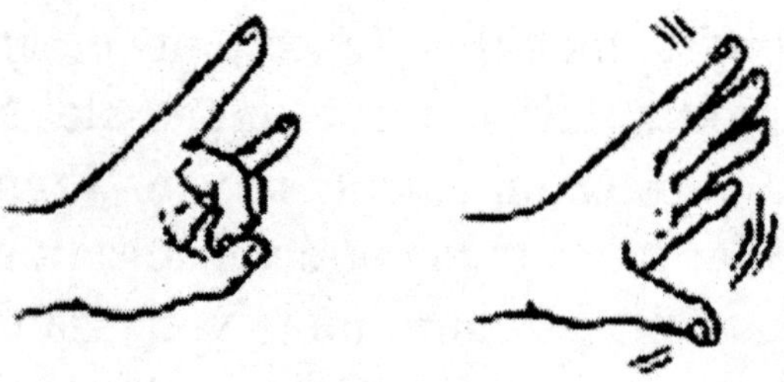

- Voici le mouvement (qui n'est d'ailleurs pas critique). Tendez et trempez les deux doigts, mettez vous en position 1 puis projetez l'eau en position 2.

- Tout en aspergeant dites en projetant en un seul souffle (ou sur une seule expiration) Yooo Ou Haaa Vaaa Haaa ! (Vous pouvez remplacer cette formule par la récitation de Om par exemple et qui est un son universel).
- Visualisez la disparition de toute négativité, malchance, disputes, etc.
- Imaginez maintenant tous les bienfaits que vous allez recevoir (ne soyez pas avares de détails).
- Continuez de la même façon dans toute votre habitation, placards, coins et recoins, garage, buanderie, sous les lits, sous l'évier, lavabos, plafonds, meubles (extérieur et intérieur), commodes, bibliothèque, murs, etc. N'oubliez aucune pièce ni aucun recoin. Prenez votre temps et faites bien votre visualisation.
- Après avoir parcouru toute votre habitation de fond en comble, revenez à la porte d'entrée et dites « c'est fait ».
- L'eau restante sera versée dans la terre et les zestes d'orange et de citrons jetés.

Purification de la zone de la prospérité

Maintenant que vous avez procédé au rejet des forces contraires, vous pouvez procéder à la purification et à la préparation de l'espace avec le rite suivant.

Faites brûler un peu de la préparation suivante sur un charbon ardent : Trois parts de benjoin et une part de sauge. (Si vous n'avez pas de benjoin, la sauge suffira.)

- **Récitez alors le psaume 91** :

Celui qui demeure sous l'abri du Très Haut repose à l'ombre du Tout Puissant. Je dis à l'Eternel : Mon refuge et ma forteresse, mon Dieu en qui je me confie ! Car c'est Lui qui te délivre du filet de l'oiseleur, de la peste et de ses ravages. Il te couvrira de ses plumes, et tu trouveras un refuge sous ses ailes; sa fidélité est un bouclier et une cuirasse. Tu ne craindras ni les terreurs de la nuit, ni la flèche qui vole le jour, ni la peste qui marche dans les ténèbres, ni la contagion qui frappe en plein midi. Que mille tombent à ton côté, et dix mille à ta droite, tu ne seras pas atteint ; de tes yeux seulement tu regarderas, et tu verras la rétribution des méchants. Car Tu es mon refuge, Ô Eternel ! Tu fais du Très Haut ta retraite. Aucun malheur ne t'arrivera, aucun fléau n'approchera de ta tente. Car il ordonnera à ses anges de te garder dans toutes tes voies ; ils porteront sur leurs mains, de peur que ton pied ne heurte contre une pierre. Tu marcheras sur le lion et sur l'aspic, tu fouleras le lionceau et le dragon. Puisqu'il m'aime, je le délivrerai, je le protégerai, puisqu'il connaît mon nom. Il m'invoquera, et je lui répondrai; je serai avec lui dans la détresse, je le délivrerai et je le glorifierai. Je le rassasierai de longs jours, je lui ferai voir mon salut.

- **Récitez ensuite le psaume 7 :**

Eternel, mon Dieu, en toi je m'abrite ; assiste-moi contre tous mes persécuteurs, délivre-moi. Sans cela, on déchirerait, tel un lion, ma personne, on me mettrait en pièce, et nul ne me sauverait.
Eternel mon Dieu, si j'ai agi de la sorte, s'il y a de l'iniquité en mes mains ; si j'ai rendu la pareille à qui m'a fait du mal, et dépouillé qui m'a pris en haine sans motif, que l'ennemi se mette à ma poursuite et m'atteigne ! Qu'il broie ma vie sur le sol, et traîne mon honneur dans la poussière ! Sélah !
Lève-toi Seigneur, dans ta colère, oppose-toi à la fureur de mes adversaires, et, en ma faveur, exerce la justice que tu as proclamée. Que l'assemblée des peuples se groupe autour de Toi ! t'élevant au-dessus d'elle, regagne ta sublime résidence.
Seigneur, qui juge les nations, rends-moi justice selon ma vertu et ma droiture. Que la méchanceté des impies ait donc un terme !

Affermis le juste, ô Toi qui sondes
coeurs et reins, Dieu équitable !
Ma sauvegarde est en Dieu ;
il secourt les coeurs droits.
Dieu est un juge équitable,
le Tout-Puissant fait sentir sa colère tous
les jours ; si l'on ne s'amende pas,
il aiguise son glaive, il bande son arc et l'ajuste.
Il s'arme d'engins meurtriers,
de ses flèches il fait des brandons.
Voyez, le méchant ourdit l'iniquité, il conçoit le
mal et enfante le mensonge ; il a creusé une
fosse et l'a rendue profonde, mais il glisse dans
le précipice qu'il a préparé.
Son injustice lui retombe sur la tête,
et sur son crâne sa cruauté s'abat.
Je rendrais grâce à l'Eternel pour sa justice,
et je chanterai le nom du Seigneur,
du Très-Haut.

****

- **Allumez une bougie bleu roi que vous laisserez se consumer totalement.**

Maintenant que tout est net, vous pouvez activer la zone avec les systèmes qui vont suivre. **Attention, important :**

Chaque fois que vous ferez une activation, vous devrez joindre « le geste à la parole » comme dit le langage populaire, c'est-à-dire que vous ouvrirez avec le premier geste, avant de procéder à l'activation de votre choix. Lorsque l'activation est faite, visualisez/ imaginez le résultat et fixez les énergies qui sont désormais en jeu avec le deuxième geste. Dans cette phase du travail, n'hésitez pas à prononcer des affirmations de votre « crû » ou une invocation. C'est d'ailleurs à ce moment que doit être récitée l'invocation de l'argent (que vous pouvez réciter pour n'importe quel montage ou activation décrit ici). Fermez alors avec le troisième geste qui va retenir les énergies qui ont été mises en place.

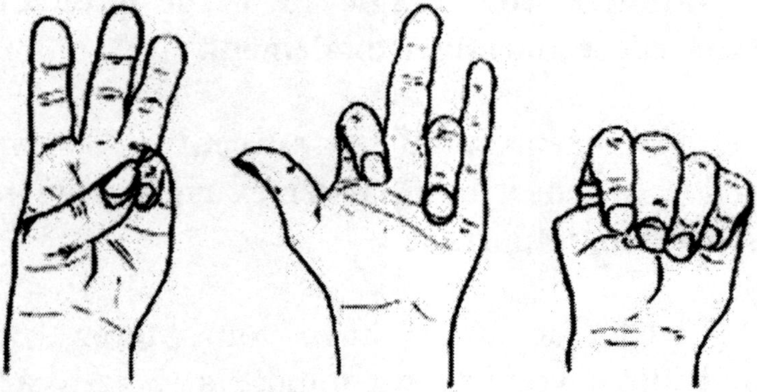

Vous remarquerez que ces trois gestes correspondent aux trois lettres Mères d'un alphabet Sacré avec dans l'ordre, Schin, Aleph et Mem.

Un harmonisateur de lieux

Si vous désirez harmoniser les lieux par la voie formologique, je vous conseille ceci :

- Prenez des noix que vous ouvrirez et viderez. Placez quatre coquilles (ouverture vers le haut) ensemble et posez en une autre par-dessus (ouverture vers le sol). Cachez ce petit montage derrière un meuble par exemple. Augmente les vibrations de la pièce de 150 000 U.B (unités Bovis).

L'étoile sextile

Ce procédé appartient à la magie des angles de l'astrologie ésotérique et magique, il se révèle être un excellent harmonisateur.

- Il vous faudra six tiges de bois (prenez des piques en bois pour faire des brochettes, c'est parfait) et coupez-les à 13 cm à partir du côté pointu.
- Prenez maintenant du fil de cuivre fin dénudé et en partant de la pointe, vous allez faire 12 tours sur la pique (sens des aiguilles d'une montre), de façon à obtenir un solénoïde. (Le fil électrique courant serait très bien, mais il est difficile à manipuler, à moins de s'aider d'une pince pour maintenir le bout. Faites attention de ne pas trop serrer pour éviter la cassure de la pique de bois).

- Sur un bouchon de liège neuf, peignez le fond en noir, le dessus en rouge et tout autour en vert.
- Lorsque la peinture est sèche, enfoncez (de 1 cm) les piques dans le bouchon, chacune à une distance de 60°. Vous pouvez vous aider d'un rapporteur en piquant à 0°, puis 60°, 120°, 180°, 240° et enfin à 300°.
- Ceci fait, placez votre étoile dans le vortex (cachée ou pas) de la zone de l'argent et placez au-dessus un dodécaèdre.

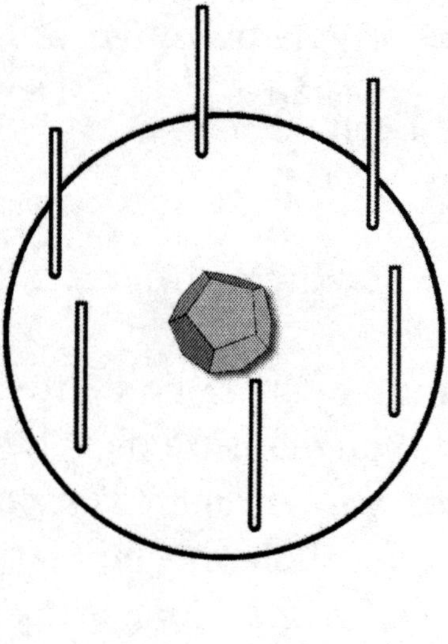

Montage formologique d'activation

- Placez dans le vortex un cylindre de bois, peint en vert. A mi-hauteur du cylindre, peignez dans la couleur or la figure géomantique Fortuna Major dans sa version active, 

  ou la rune Feoh 

- Posé sur le cylindre, trônera un beau cristal d'améthyste.
- La hauteur du cylindre doit être de 10,8 cm de hauteur et d'un diamètre de 5,4 cm.
- Il reposera sur un morceau de tissu rouge (coton, laine, velours ou satin) taillé en rectangle aux mêmes dimensions soir 10,8 cm et 5,4 cm.

Activation par un solide de Platon

- C'est dans cette zone que doit être placé un dodécaèdre reposant sur un morceau de tissu pourpre sous lequel sera déposé un morceau de tissu de même dimension et de couleur vert. Placez un billet (peu importe la valeur entre les deux tissus, mais plus il est important et plus le procédé sera efficace. Un point à préciser, vous ne devrez jamais vous séparer ou utiliser ce billet).

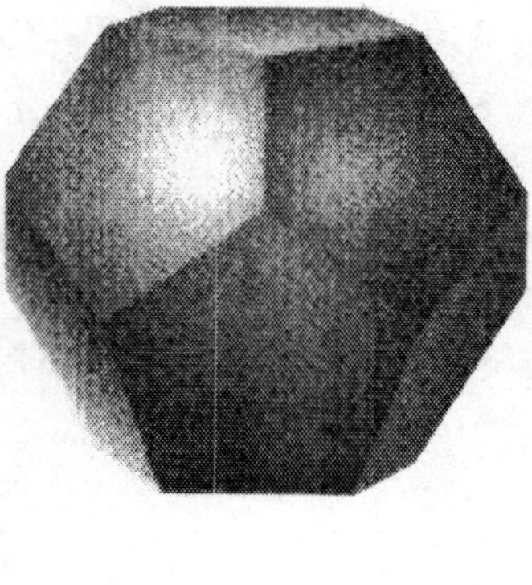

Activation de la zone par une charge talismanique

- Prenez un flacon en verre bleu (genre bouteille d'eau de rose qu'on trouve en pharmacie ou en grande surface ou un flacon en verre rouge.)
- Remplissez avec 9 parts de manne [(1)], 9 noix de muscade, 9 gousses de vanille, 9 feuilles de basilic, 9 parts (ou feuilles) de patchouli, un fil de laine rouge de 9 cm de longueur.
- Chaque fois que vous mettez un produit dans la bouteille, énoncez à haute voix votre requête, par exemple : « Je place 1 part de manne pour obtenir… » et vous continuerez jusqu'à 9. Je

---

(1) *Encens pour lequel la tradition rapporte une action bénéfique dans les domaines de la guérison et de la protection. Aussi utilisé pour les gains inattendus aux jeux et en affaires.*

place 2 parts de manne, 5 parts, 6, 7, 8, 9 parts. Faites de même pour les autres ingrédients.

- Procédez ensuite au rituel de charge (voir pages 182 et 183).

Le rituel d'activation de l'arbre de la fortune

- Dans cet espace [2], placez un petit arbre en pot (à feuilles rondes ou ovales (un gingko biloba par exemple, également appelé « arbre aux 40 écus » en pot convient très bien. Pas de feuilles piquantes et encore moins un cactus dans cette zone).

Posez le pot sur un morceau de tissu rouge ou une planche en bois peinte en rouge.

- Tous les jours, et pendant 27 jours, roulez un billet de 5 € et attachez-le à une branche avec

---

(2) Lorsque la N.L (nouvelle lune) se renouvelle dans le signe occupant la maison II de votre thème de naissance cela renforce de façon considérable l'efficacité du procédé.

un morceau de laine rouge de 9 cm de longueur tout en récitant chaque fois et trois de suite (tous les jours) la prière d'invocation de l'argent. (Voir pages 182 et 183) tout en faisant brûler un peu de manne.

- Au bout des 27 jours, laissez l'arbre ainsi et ne touchez pas à cet argent, il vous garantit un flux ininterrompu de rentrées.
- Soignez bien cet arbre, votre aisance dépend de sa bonne santé. Si un jour (tout a une fin) il présente des signes graves de mort, enlevez les billets et recommencez avec un autre petit arbre en pot.
- Une autre variante de ce rite consiste à suspendre un billet de 5 € tous les mois pendant 1 an à chaque nouvelle lune, ceci permet de « cibler » les 12 signes du zodiaque. Il est préférable de commencer le rite par le renouvellement de la lune dans votre maison II (pour celles et ceux qui connaissent l'astrologie).

Cibler les rentrées d'argent

- Découpez un cercle de velours rouge de 9 cm de diamètre.
- Sur ce cercle, déposez un miroir de diamètre identique, la face réfléchissante en haut.
- Sur la face réfléchissante du miroir, tracez sur sa totalité, un hexagramme avec un pinceau fin (et neuf) préalablement trempé dans de l'huile essentielle de patchouli.
- Posez sur le miroir une boite de même diamètre, dans laquelle vous déposerez un morceau de papier décrivant précisément ce que vous attendez. Ce papier sera lui-même enfermé dans une enveloppe rouge contenant 81 grains de riz de bonne qualité

(Attention : 81 et non pas 80 ou 82) !

- Vous pouvez aussi (en remplacement de la boite), placer une lampe qui recouvrira l'ensemble. Chaque fois que cette lampe sera allumée (et même éteinte, il suffit que l'ampoule et le branchement soit en état de fonctionner) il se produira un signal, une information qui va déclencher un flux financier.

Rayonnez aux quatre coins du monde
(si tel est votre désir)

- Déposez une tige de bambou (à plat et orientée Est/Ouest) sur un bloc d'améthyste posé sur deux morceaux de tissu, 1 rouge et 1 vert de mêmes dimensions rectangulaires.
- Vous pouvez indiquer la source de bénéfices en déposant sous l'améthyste la carte d'une ville, ou d'une région, de la France, de l'Europe ou encore une représentation du monde ou d'un pays selon vos aspirations, et surtout selon votre bon sens. (N'allez pas imaginer que si vous n'avez pas un minimum de reconnaissance par vos pairs, le monde va venir à vos pieds !) Sur la carte, déposez un petit mot écrit en bleu qui définit clairement et simplement votre requête.

Activez la zone financièrement sensible dans votre chambre

- Suspendez simplement un carillon éolien en **bois** et constitué de **six baguettes.** Fixez-le avec un fil rouge à une longueur de 27 cm du plafond dans la zone de la fortune de votre chambre.

Procédé très efficace pour attirer l'argent.

Utilisation optimale d'une lampe en cristal de sel

- Consacrez tout d'abord la lampe (pages 174 à 177).
- Une fois la lampe consacrée, placez-la (avec son socle) sur un morceau de tissu pourpre sous lequel il y aura un autre morceau de tissu vert aux mêmes dimensions.
- Entre les deux morceaux de tissus, déposez une enveloppe rouge contenant votre requête écrite au stylo bleu sur du papier rouge.
- A l'encre (ou au stylo) doré, dessinez 9 runes Feoh ᚠ à la suite l'une de l'autre sur l'enveloppe fermée.
- Laissez cette lampe allumée le plus souvent possible et au minimum trois heures par jour.

Utilisation optimale d'un dessin actif

- Placez simplement le dessin actif suivant dans cette zone (il peut être caché, cela n'enlève rien à son rayonnement.

J'aurais parfaitement pu indiquer une composition runique ou autre chose, mais j'ai préféré opter pour un dessin que l'inconscient collectif comprend, mais rien ne vous empêche, sur la base de celui-ci, de concevoir un autre dessin qui correspond plus à vos goûts et/ou envies.

Fabriquez une eau talismanique

Il suffira (n'importe quel jour à n'importe quelle époque) de placer un verre d'eau (de puits, de source, de pluie ou encore mieux d'orage au centre d'un décagone (les bouteilles d'eau en plastique sont irradiées et celle du robinet traitée chimiquement ne conviennent pas) avec les symboles de Jupiter, du Soleil et Vénus. Placez dans le verre neuf petites pincées de safran et vingt-huit cuillères à café d'eau de rose puis remplissez d'eau et laissez en place sur le décagone pendant ¼ d'heure à vingt minutes.

Les planètes, mises à part les notions de domicile, exaltation, chute et exil ont une constellation préférée dans laquelle elles allient à la fois la qualité du lieu du domicile et la puissance du lieu d'exaltation, voici pour les trois planètes qui sont ici considérées:

Jupiter : Du 21 novembre au 21 décembre et du 21 février au 21 mars.
Soleil : Du 21 juillet au 21 août.
Vénus : Du 21 avril au 21 mai et du 21 septembre au 21 octobre.

Voici comment préparer nos eaux talismaniques.

Leur préparation se fera toujours en période de lune croissante et au jour planétaire. Pour Jupiter, vous prendrez une plaque d'étain carrée (suffisamment grande pour y placer un flacon d'eau) puis au centre de ce carré de métal, posez un morceau de papier bleu portant le symbole de Jupiter. Sur cet ensemble, posez le flacon d'eau avec les 9 pincées de safran (mais sans l'eau de rose) et laissez agir du lever au coucher du soleil. A noter que le flacon est hermétiquement fermé.

Vous ferez la même chose le vendredi en remplaçant la plaque d'étain par un carré de cuivre et le morceau de papier bleu par du vert. Vous ajouterez alors les 28 cuillères d'eau de rose dans l'eau du flacon et laisserez ainsi du lever au coucher du soleil.

Pour le dimanche, vous prendrez une grosse plaque d'or pur de plusieurs kilos (je plaisante !!!).

Pour remplacer la plaque d'or, un bon artifice consiste à prendre une chaîne ou une médaille en or que vous placerez sur un carton doré (genre carton que l'on trouve souvent avec des gâteaux en pâtisserie). Posez le flacon par-dessus et laissez agir du lever au coucher du soleil.

Ceci fait, vous verserez un peu de votre eau (juste un trait) devant votre porte d'entrée (sur le sol) puis passez-en (avec le doigt ou au pinceau) sur la face extérieure puis sur la face intérieure en traçant un hexagramme. Faites en sorte que ces deux hexagrammes (extérieur et intérieur) soient identiques et placés au même niveau.

Lorsque vous aurez fini, dites ces mots

« Bereschith Bara Elohim Ha Haretz
Ve Ha Schamaïm »

En repliant les deux auriculaires dans les paumes des mains et tout en les maintenant avec les pouces. Vos mains forment ainsi la lettre Shin (c'est le seul geste à faire ici).

Activation de la porte d'entrée

La porte d'entrée est un endroit très important. C'est elle qui est la bouche du Qi, l'entrée de votre demeure, c'est elle qui donne accès à votre intérieur, à votre intimité. Il faut donc placer une protection et la faire rayonner à la fois sur le plan du physique, mais aussi sur le plan énergétique. Pour cela, vous trouverez les solutions dans ce qui va suivre (et dans l'ordre). Rappelez-vous ceci : « La santé commence dans la bouche » et dans tous les sens du terme en ce qui concerne notre sujet.

Placez un sceau invisible sur la porte d'entrée

Permet de placer votre demeure sous de bonnes influences. Permet également de faire fuir les présences indésirables et protège des cambriolages.

- Prenez une petite cuillère à dessert de poudre de cinabre et placez-la dans un bol. (Attention, le cinabre est toxique et ni l'auteur ni l'éditeur ne peuvent être tenus pour responsables d'une mauvaise utilisation ou mauvaise compréhension du texte. Il faut toujours se laver les mains après avoir manipulé du cinabre et surtout ne pas en avaler ou inhaler).
- Ajoutez goutte à goutte un alcool fort (rhum, cognac…) en comptant un nombre de gouttes égal

à votre âge plus une. Si par exemple vous avez 45 ans, diluez le cinabre avec 46 gouttes d'alcool.

- Chaque fois que vous versez une goutte d'alcool dans le bol, récitez :

Yesous Christos Nika

- Ceci fait, avec votre majeur droit, homogénéisez ce mélange et déposez en petites touches sur le verrou de la porte d'entrée (et tout système de fermeture) en faisant un cercle tout autour. Faites ensuite trois ou quatre autres points sur la porte que vous désirez « sceller ». cette pratique peut s'appliquer à n'importe quelle porte de votre maison, mais la plus importante est la porte d'entrée qui est la « bouche », « l'entrée » de votre habitation.
- Exemple :

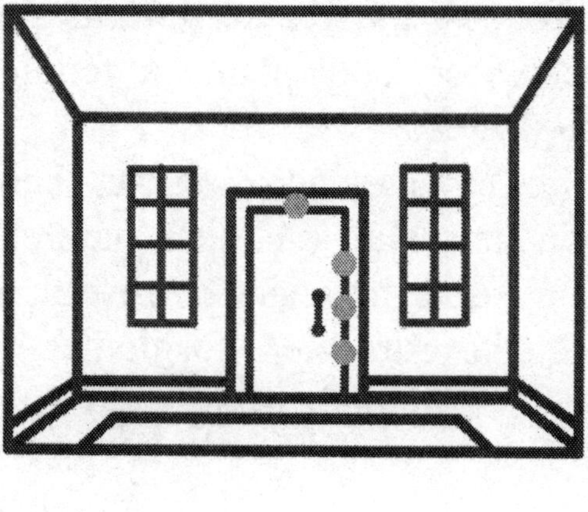

Note : Le cinabre se trouve dans les magasins de minéraux.

Quelques conseils supplémentaires concernant la porte d'entrée

Quel que soit son emplacement dans le carré des 9 étoiles, la porte d'entrée **doit toujours être vitalisée par l'Elément Feu et tout symbole de l'Elément Eau doit être banni (ou du moins maîtrisé)** de cette zone de première importance.

Doit être banni :

- Tout se qui repousse (armes à feu, poignards, cactus et toute plante à feuilles pointues et/ou piquantes).
- Les couleurs noires, grises, beiges, marron (sauf dans le cas de la couleur naturelle du bois) ou les couleurs extravagantes (rose fluo par exemple).
- Le désordre (rien, absolument rien ne doit gêner l'ouverture de la porte).

Et votre porte d'entrée doit :

- S'ouvrir toute grande sans aucune résistance. Si elle « coince », vos relations, votre façon de communiquer vous pose problème.
- Si le/les verrous ne sont pas en bon état ou si la poignée ne tient pas bien, vous ne tenez pas bien votre vie en main. Faites le nécessaire pour réparer ou changer ces verrous ou la poignée.
- Si la porte d'entrée est cassée, la peinture ou le vernis écaillé, abîmé, réparez, repeignez car inconsciemment c'est peut-être votre vie qui est écaillée.
- Etre claire, bien éclairée. Pour ma part, un cristal est suspendu à l'extérieur par un fil rouge.
- Les charnières ne doivent pas grincer (de plus, rien n'est plus désagréable).
- Vous pouvez activer votre porte d'entrée en plaçant du fil de laine rouge sur toute sa largeur ou en enroulant 9 cm de fil sur la poignée.
- Si vous deviez utiliser des couleurs pour votre entrée, n'utilisez que celles-ci. Bleu, vert, rose clair et blanc ou bien le bois naturel teinté. Il est

évident que certaines couleurs ne sont pas faciles à adopter (en ce qui me concerne, je me vois mal avec une porte d'entrée de couleur rose, aussi ai-je opté pour la couleur naturelle du bois).
- Les couleurs les plus énergétiques sont le rouge (qui apporte une grande énergie), le vert (qui apporte une énergie de vie et de santé).

Problème d'ascenseur face à la porte d'entrée

- Si votre porte d'entrée est face à un ascenseur, le champ généré par le mouvement peut parfois causer problème.
- Dans ce cas, il faut placer simplement une tourmaline noire à l'intérieur de la porte ou coller un petit miroir sur la face extérieure de la porte d'entrée (ce miroir doit être placé à hauteur du plexus solaire de la personne la plus grande de la maison).

Une entrée énergétiquement saine, l'appel aux pierres

- Que votre entrée soit toujours propre, lumineuse, accueillante et visible. Que rien ne traîne là (vélos, journaux ou revues, etc.). Pour l'extérieur, éliminez impitoyablement tout arbuste mort, fleurs mortes, etc. taillez vos haies et autres plantes qui nécessitent ce travail, embellissez avec des fleurs, placez un Futhark (*) face à l'entrée extérieure (gravé sur pierre si vous en avez la possibilité ou simplement dessiné sur un morceau de bois). De même, si vous en avez la possibilité, placez les pierres suivantes le long de votre entrée, tel que décrit ci-dessous.

(*) *Alphabet runique.*

A noter que toutes ces pierres servent à la protection.

- Galène (protection contre la radioactivité).
- Turquoise (contre toute énergie négative).
- Apatite (contre les perturbations géobiologiques)
- Obsidienne (repousse les énergies négatives)
- Staurotide (protection du lieu)
- Tourmaline noire (absorbe et dévie toute énergie de nature électromagnétique. Il est totalement inutile de consacrer cette pierre qui agit comme une « éponge »).
- Shungite

Ceci n'est qu'un exemple, vous pouvez parfaitement adapter à vos besoins en choisissant des pierres spécifiques. Dans tous les cas, ces minéraux doivent être consacrés sinon, ils ne sont d'aucun effet ou du moins très faible (voir ce chapitre). Ils devront être placés en forme d'hexagramme (peu importe la position des pierres) à l'entrée de votre habitation, (vous pouvez les camoufler ou même les enterrer si c'est possible.

Placez-les de façon à ce que vous soyez obligé de traverser cet hexagramme pour rentrer chez vous (comme toute personne d'ailleurs).

Dans le hall d'entrée de votre maison ou au-dessus de la porte d'entrée, vous pouvez placer une obsidienne mouchetée (consacrée) qui servira de bouclier de protection contre toute entité négative.

Près de la porte d'entrée, placez dans une petite assiette verte (ou une soucoupe) des lentilles que vous ferez germer en arrosant avec de l'eau dans laquelle vous ajoutez une ampoule d'oligosol « or » (ou des granules homéopathiques) « aurum ».

A renouveler lorsque les lentilles sont hautes. N'hésitez pas à consommer ces pousses, excellentissimes pour votre santé et celle de votre chien ou de votre chat.

Placez votre habitation sous la garde du grand Archange Barachiel

Un rite, certes, simple, mais dont les effets sont immédiats et souvent extraordinaires. Le grand Archange Barachiel (dont le Nom signifie « Chance de Dieu ») sera désormais l'invité permanent de votre habitation et ce, pour votre plus grand bien car ...

« Riches sont ceux qui abritent les Anges et orientent leurs actions dans la Lumière »

A vous d'essayer ! Pour ma part, je l'ai fait et adopté (pour les dix grands Archanges), et bien que nul humain ne puisse éviter les épreuves que sa vie lui réserve, je suis en mesure de dire que je vis en paix, pas encore tout à fait avec moi-même, certes, mais c'est sur la bonne Voie, je peux penser que vous pourrez faire de même si tel est votre désir.

- Prenez un cristal d'améthyste (pointu de 5 à 10 cm de hauteur) et un jeudi, peu après la nouvelle lune, consacrez-le (voir page 182).
- Ce même jour, sur une feuille de papier, écrivez à l'encre de chine rouge :

ΑΟΡ ΒΑΡΑΧΙΕΛ ΒΕΝΕΔΙΚ ΤΥΣΜΑΝΥΣ ΕΞΟΜΙΒΥΣ

- En récitant l'invocation de Barachiel ici phonétiquement retranscrite.
- 1 fois avant de l'écrire, 1 fois en l'écrivant et 1 fois après en imposant la main droite au-dessus (sans toucher).

« Aor Barachiel benedictus
manus exhominibus.
Aor Barachiel quadrissimo angelico trono.
Aor Barachiel athanatos peristratos. »

● Sur un morceau de tissu (en coton) mauve ou violet, posez le papier et par dessus le cristal d'améthyste.

● C'est tout ! Je suis en mesure de vous dire (sans forcément le prouver) que l'ange sera dès lors présent et que les choses vont se mettre en place. Si des affaires traînaient, si les choses allaient mal, si l'argent semblait vous fuir, si cette capricieuse Fée de la chance semblait vous oublier et passait toujours à côté, ce rite va rééquilibrer la « donne du jeu ».

● Je ne peux que vous encourager à réactiver le rite chaque jeudi, puis une fois par mois le premier jeudi après la nouvelle lune, en récitant tout simplement l'invocation trois fois de suite et en imposant votre main droite au-dessus de la pointe du cristal.

Croyez-moi, si vous vous contentiez de faire uniquement ce petit rituel, vous n'auriez perdu ni votre temps, ni votre argent en acquérant ce livre.

Construisez un appareil de radionique géomantique

Je me suis inspiré d'un article de J.L.Bailly paru dans la radiesthésie pour tous de 1951 pour mettre en place ce dispositif de radionique extrêmement actif revu par mes soins et adapté à notre cycle énergétique actuel.

Construction :

- Reproduisez le dessin pour obtenir un diamètre extérieur du cercle de 132 mm et un diamètre intérieur de 85 mm (là où sont positionnées les figures géomantiques) que vous collerez sur un carton fort.

- Reproduisez ensuite le dessin central (genre de pa-kua). Le petit cercle central est d'un diamètre de 18 mm ainsi que la tête des « poissons ».
- Prenez du fil de cuivre dénudé de 65 mm de longueur et, en vous servant d'un tube de 85 mm de diamètre, faites un cercle non fermé (oscillant) en plaquant le fil sur le tube et en forçant bien pour lui donner la forme voulue.

Vous obtiendrez la figure suivante.

Utilisations :

Très facile d'emploi, il permet toutes sortes d'actions mais, pour le sujet qui nous intéresse ici, vous n'utiliserez que les figures suivantes : Acquisitio, laetitia, caput draconis, fortuna major, conjunctio.

Pour passer en phase d'émission, il vous suffit de placer votre photo sur le petit cercle central et d'orienter l'ouverture du fil de cuivre sur la figure concernée. Sur le dessin, l'oscillant est placé sur la figure Acquisitio.

Pour influencer directement le lieu de vie, accrochez le dispositif (ou posez-le à plat) dans la zone de l'argent. A noter que l'on peut travailler un lieu à distance, en plaçant un plan ou une photo au centre du petit cercle.

Note : Si vous n'êtes pas un expert en géomancie, je vous déconseille fortement l'utilisation d'autres figures autres que celles mentionnées ci-dessus.

Un montage octogonal à émission de forme bénéfique

Toujours inspiré par la même excellente revue, du même auteur, mais datant de 1956, voici une forme émettrice dont je vais retranscrire le montage et le fonctionnement.

Vous trouverez tout de suite après la forme émettrice mais avec les hexagrammes dans leur version active, c'est-à-dire radionique. J'en décrirai plus loin le mode d'emploi.

Ce tableau se compose premièrement d'une feuille de bois compressé rectangulaire de 3 mm et demi d'épaisseur et de 220 mm sur 210 mm. Les côtés sont noircis à l'encre de chine et les deux faces (avant et arrière) recouvertes de papier blanc (de dessin).

Deuxièmement d'un disque, également en bois compressé de 186 mm X 3 mm et demi d'épaisseur. Le pourtour sera noirci, formant ainsi une couronne de l'épaisseur du disque.

Le fond sera de couleur or. Au centre de ce disque, placer une étoile à huit pointes en plomb de 1 mm et demi d'épaisseur, étoile inscriptible dans un cercle de 54 mm de diamètre et peinte en vert clair.

Au milieu est gravé, dans le plomb, un hexagramme inscriptible dans un cercle de 30 mm de diamètre, dont les traits auront 1 mm et demi d'épaisseur et seront noircis à l'encre de Chine.

Les traits des trigrammes sont remplacés par des points et ces points eux-mêmes sont constitués par des clous dont les têtes ont 6 mm de diamètre. Ces têtes seront peintes en rouge (ces clous ont des têtes bombées).

Au centre du disque de 186 mm de diamètre, un clou pareil aux autres mais sa tête sera peinte en noir.

L'étoile en plomb à 8 pointes sera collée sur le disque. Naturellement le disque est cloué en place comme l'indique le dessin sur la plaque d'unalit.
Au dos de celle-ci aucune radiation n'est perceptible.

Comme ce système doit tenir verticalement, on y ajoutera un socle en bois dont les côtés seront noircis et les faces supérieures recouvertes de papier blanc.

Cet appareil exerce son influence sur la santé, l'amour, la richesse, la joie de vivre, la sérénité et le bonheur.

Les radiations de ce dispositif sont ressenties à plus de 3 mètres de distance et si on le tient par exemple à 50 cm de distance et à hauteur du centre de ce tableau, un pendule sphérique blanc d'un poids de 40 grammes, le fil de suspension de ce pendule fait un angle de plus ou moins 5° avec l'horizontale.

Les radiations sont perçues au travers d'un mur de deux briques d'épaisseur, c'est dire si ce tableau est puissant.
Il peut être placé dans toutes les directions sans tenir compte du courant nord/sud.

Placé sur un meuble, le pendule agit sur tous les endroits de la pièce et quelle que soit la hauteur à laquelle on le tient (même au ras du sol). Si on le tourne face avant contre le mur, le pendule ne bouge pas.

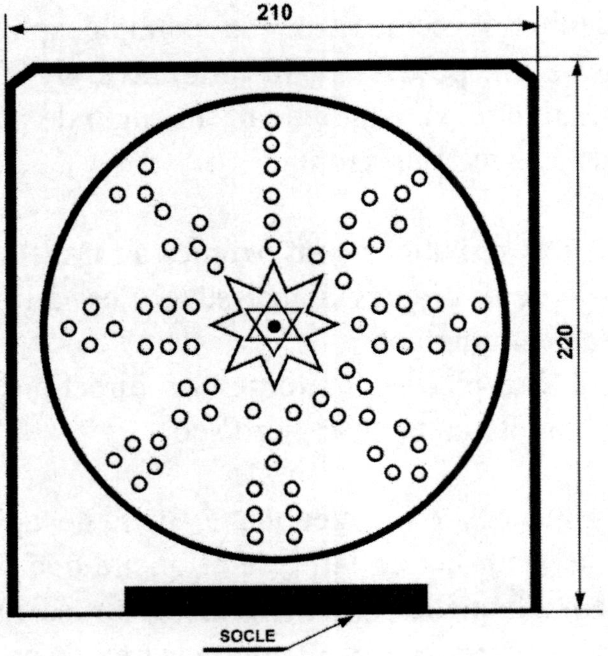

Voici maintenant l'émetteur que j'ai adapté pour mes propres besoins en radionique. En effet, il faut reconnaître que le montage précédent n'est pas simple à réaliser pour le premier venu. L'ensemble est simplement tracé à l'encre de chine noire et les tétragrammes sont tracés dans leur version active. Son utilisation est très simple et tel qu'il est présenté, le graphique émetteur est orienté au nord magnétique.

Une photo du bénéficiaire est placée au centre sur l'étoile et l'un des huit hexagrammes est choisi, soit au pendule, soit pour son influence propre. Je renvoie à ce sujet aux innombrables textes qui traitent du yi-king.

Technique d'ancrage
(fortement conseillée)

Je ne pouvais terminer ce sujet sans parler de ce petit travail d'ancrage indispensable à une bonne circulation de l'énergie. Nous possédons des sortes de racines énergétiques (qui partent du premier chakra et deux autres principales situées sous la plante des pieds) qui nous mettent en contact avec les énergies terrestres et les Eléments, ces mêmes racines, si elles ne sont pas assez développées, sont en partie la cause du manque d'argent ou du moins de difficultés à capter sa vibration. Au contraire, si nos racines sont fortes, nous avons des facilités à gagner de l'argent. Le but du présent exercice est de vous renforcer au niveau de ces énergies pour harmoniser le flux financier en vous. Sachez que ce n'est pas une obligation, mais si vous ne le faites pas, vous vous privez d'un bon pourcentage de réussite si vos racines sont faibles. Si la saison et le lieu le permettent, faites cet exercice dehors, pieds nus sur la terre et vêtu simplement de coton, de lin ou éventuellement nu(e), à vous de voir.

- Asseyez-vous sur une chaise, le dos droit mais pas tendu, les mains à plat sur les cuisses, détendez-vous
- Contractez progressivement le périnée (la zone située entre le sexe et l'anus) une douzaine de fois, puis décontractez autant de fois.
- Placez maintenant vos mains (l'une sur l'autre peu importe laquelle) sur le sternum.
- Contractez le périnée et conservez la contraction.
- Imaginez que des racines partent de ce point et s'enfoncent jusqu'au centre de la terre.
- Inspirez et expirez profondément, « aspirez par ces racines» la force tellurique sous forme de lumière verte.
- Décontractez maintenant le périnée et imaginez une boule dorée entre vos pieds.

- A l'aide de la respiration consciente, « aspirez » cette énergie dorée, elle monte en vous par la plante de vos pieds et sort par le sommet de votre crâne et ruisselle sur vous de toute part.
- Faites ceci le temps qui vous semble bon, surtout ne vous forcez pas.
- Pour ancrer un peu plus, vous pouvez placer une tourmaline noire entre vos pieds.

A quoi devez-vous vous attendre ?

- Avoir des rentrées d'argent imprévues.
- Une augmentation de salaire.
- Des gains aux jeux (si vous jouez).
- Un accroissement de vos biens.
- Une augmentation de clientèle.
- Obtenir des revenus stables.
- Etre en paix, car sans soucis d'argent.
- Mais aussi, et il ne faut pas en avoir peur, une augmentation de travail, donc d'efforts à fournir en contrepartie de l'activation.

Derniers «petits trucs » pour que l'argent se plaise à rentrer chez-vous

- Prenez le temps d'enrouler de scotch rouge chaque tuyau d'eau (et en particulier à l'arrivée d'eau chez vous. Coupez 9 cm de ruban et entourez chaque tuyau d'arrivée d'eau. Simple, efficace.

- De même, prenez soin de toujours fermer les bondes d'éviers et de lavabos, abaissez la cuvette des WC, fermez la porte des toilettes et des salles de bains.

- Prenez soin de votre boîte aux lettres, que votre nom et le numéro de votre adresse soient bien visibles.

- Que votre cuisinière (ou gazinière) soit en parfait état de fonctionnement, de même que tous les appareils. Variez le débit d'allumage du gaz et soyez toujours rigoureux sur la propreté et l'ordre.

Prenez l'habitude de faire brûler (dans la zone de l'argent) le jeudi un peu de manne et du thym en récitant l'invocation suivante face à une bougie verte :

« Aor Barachiel benedictus manus exhominibus.
Aor Barachiel quadrissimo angelico trono.
Aor Barachiel athanatos peristratos. »

- Ne placez jamais de métal dans la zone de l'argent (le métal coupe le bois).

- Si vous êtes joueur, allumez une bougie rouge enduite d'huile de safran et faites vos tickets.

- Les factures une fois payées, rangez-les et classez-les. Evitez tout désordre, toute poussière, jetez tout ce dont vous ne vous servez plus (vieux vêtements, etc.)

- Ne laissez jamais de poubelle ou corbeille à papier apparente, pas de fleurs sèches (ce sont des fleurs mortes).

- Placez de belles plantes vertes et en particulier la crassula argentéa qui attire de façon mystérieuse les richesses. (Des plantes malades provoquent des difficultés financières). Vous pouvez tout aussi bien placer des plantes ou des fleurs en soie, il y en a de magnifiques.

- Une fontaine d'intérieur trouve sa place dans cette zone.

- Laissez toujours des fruits frais sur la table de la salle à manger ou du salon et/ou un beau bouquet de fleurs (fleurs véritables ou en soie en nombre impair).

- Le désordre crée une énergie « aspirante » c'est-à-dire cause de fatigue, de disputes, et ne permet pas à l'argent de circuler librement dans votre vie.

- Faites toutes vos activations le jour de nouvelle lune ou à la pleine lune, le matin à partir de 5 à 7 heures (pour les lève tôt) soit de 11 heures jusqu'à 13 heures ou le soir de 23 à 1 heure.

- Si vos connaissances astrologiques le permettent, procédez aux activations lorsque la lune, en bon aspect du maître de IV passe sur votre maison II. De plus, elle ne doit pas former d'aspect dur avec Jupiter principalement puis Mars et Saturne. En cas de doute, tenez-vous en aux jours de nouvelle ou de pleine lune.

Un conseil :

Lorsque vous activez une zone, stimulez également celle qui lui est opposée et/ou immédiatement proche !

Par exemple :

Si vous activez la zone de la prospérité, faites de même pour la zone du savoir, (ou celle des relations). Cela stimulera vos idées, vos projets seront plus clairs, vous aurez plus de facilités.

Si vous activez la zone des relations, faites de même avec celle des gens qui aident.

De plus, rien ne vous empêche d'activer la zone immédiatement à côté qui correspond le plus à vos attentes. Par exemple, activation de la zone 4 et les zones 8 et 9.

Un petit rappel important

Si vous n'avez pas bien compris le principe du vortex inhérent à toute surface du carré, (voir page 28), je le rappelle ici pour les 9 cases du carré, ce qui vous servira pour activer n'importe quel secteur.

En toute zone, par exemple la 6 (les gens qui aident), existe une « super » zone qui concentre en elle (en quelque sorte) toute l'influence de ladite surface.

Prospérité 4	Sud Renommée / Longévité 9	Mariage / Relations 2
Famille 3	Santé 5	Créativité / Enfants 7
Savoir / Connaissances 8	Nord Carrière 1	Gens qui aident 6

J'ai coloré en noir ces zones spéciales qui sont des espaces concentrés dans lesquels se focalisent les forces inhérentes aux 9 palais.

Vous voyez par exemple, que la zone 8 (Savoir/Connaissance) il y a un carré noir. Et bien, c'est cette zone dans laquelle se concentrent toutes les influences de la zone 8, et il en est de même pour chacune.

Pour en bénéficier, utiliser le principe des directions ou des emplacements, ce qui veut dire que si vous pouvez placer un activateur dans un secteur précis (ce qui n'est pas toujours possible, faites-le). Si vous ne pouvez rien placer dans tel secteur, orientez-vous (faites-lui face le plus longtemps possible). Par exemple, installez votre chaise ou votre canapé dans cette direction.

Les activations pour stimuler ou harmoniser la vie amoureuse et sexuelle

Le dispositif est presque identique, à l'exception de certains points. Pour activer la vie sexuelle et/ou affective, nous prendrons soit la zone 2 (qui est en rapport avec les relations), soit la zone 3 (pour les questions familiales) ou encore la zone 9 (qui est en rapport avec votre image de marque). Il ne faudra pas oublier non plus la porte d'entrée qui est un facteur important. Pour les questions qui concernent la vie sexuelle, vous privilégierez la zone 7 (qui stimule la libido) et la zone 2 des relations (pour agrandir le cercle des relations), mais n'oubliez pas ce que j'ai dit plus haut en activant la zone opposée et/ou celle immédiatement à côté.

Montage formologique d'activation

Nous reprenons ici nos activateurs (seulement ceux qui sont adaptés) et nous devrons leur apporter quelques petites modifications de façon à ce qu'ils soient adaptés à la situation. Par exemple, on ne va pas mettre un cylindre violet dans la zone de l'amour (ce qui refroidirait la situation), de même qu'une améthyste (qui incline à la sagesse et à la fidélité). Par contre la figure géomantique Fortuna Major et la Rune Feoh sont adaptées et nous ne les changeront pas.

- Placez dans le vortex de la zone 2 un cylindre de bois, peint en rouge. A mi-hauteur du cylindre, peignez dans la couleur rouge la figure géomantique Fortuna Major dans sa version active, 

ou la rune Feoh en rouge 

.

- Posé sur le cylindre, trônera un beau cristal de quartz rose.
- La hauteur du cylindre doit être de 10,8 cm de hauteur et d’un diamètre de 5,4 cm.
- Il reposera sur un morceau de tissu rouge (coton, laine, velours ou satin) taillé en rectangle aux mêmes dimensions soit 10,8 cm et 5,4 cm.

Activation par un solide de Platon

- C’est toujours dans cette zone que doit être placé un dodécaèdre reposant sur un morceau de tissu rouge sous lequel sera déposé un morceau de tissu de même dimension et de couleur rose. Placez entre les deux tissus une image, une photo ou un dessin qui symbolise votre souhait. Il est possible de ré-harmoniser son couple de cette façon ou de rencontrer une personne avec laquelle faire un bout de chemin ensemble, ou plus encore.

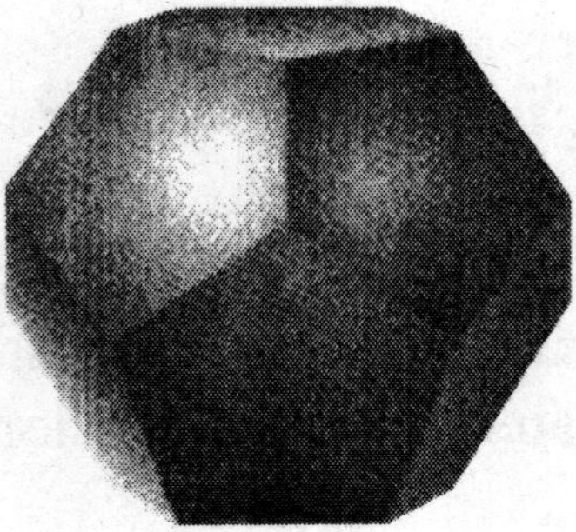

Activation de la zone par une charge talismanique

Cette technique permet aussi bien de vitaliser une vie sexuelle « endormie » chez un couple qui s'est enfermé dans l'habitude, que de rencontrer quelqu'un et de prendre un nouvel envol sentimental.

- Prenez un flacon en verre rouge.
- Remplissez avec 9 feuilles de verveine (si elle est fraîche tant mieux, sinon prenez des feuilles sèches), 9 tranches de racine de gingembre, 9 gousses de vanille, 9 gouttes d'huile essentielle d'Ylang-Ylang, 9 parts de pétales de roses (rouge), 9 petits cristaux de quartz rose, un fil de laine rouge de 9 cm de longueur.
- Chaque fois que vous mettez un produit dans la bouteille, énoncez à haute voix votre requête, par exemple : « Je place 1 feuille de verveine pour obtenir … » et vous continuerez jusqu'à 9. Je place 2 feuilles de verveine, 5 feuilles, 6, 7, 8, 9 feuilles. Faites de même pour les autres ingrédients (en précisant chaque fois s'il s'agit d'une feuille, d'une tranche de racine, d'une gousse, d'une goutte, d'un pétale ou d'un cristal c'est important).
- Procédez ensuite au rituel de charge (voir pages 180 à 182).

Utilisation optimale d'une lampe en cristal de sel

Outre le fait qu'une lampe en cristal de sel est du plus bel effet, sa lumière est à la fois douce et chaude, elle peut contribuer à stimuler la vie du couple en appliquant pour votre plus grand bonheur le petit conseil ci-dessous.

- Consacrez tout d'abord la lampe (voir pages 174 à 177).
- Une fois la lampe consacrée, placez-la (avec son socle) sur un morceau de tissu rouge sous lequel il y aura un autre morceau de tissu rouge aux mêmes dimensions.
- Entre les deux morceaux de tissu rouge, déposez une enveloppe rouge contenant votre requête écrite au stylo rouge sur du papier jaune.
- A l'encre (ou au stylo) rouge, dessinez un cœur (symbole d'amour) ainsi que les prénoms sur l'enveloppe fermée.
- Laissez cette lampe allumée le plus souvent possible (au minimum trois heures par jour).

- De plus, vous pouvez fort bien mettre quelques gouttes d'une huile essentielle reconnue pour ses effets sur la libido (comme par exemple celle de Ylang-Ylang. J'apprécie particulièrement cette huile essentielle, car son odeur est vraiment délicate et sensuelle.)

Placez cette lampe en zone 7 ou 2 de votre chambre, et plus particulièrement dans le secteur que j'ai signalé par un petit carré noir en page 149.

Un « piège » énergétique pour la fidélité et l'harmonie du couple

Pour empêcher l'infidélité ou ré-harmoniser votre couple, attachez une petite géode ou pierre d'améthyste au pied du lit avec une corde rouge tout en récitant une incantation de votre crû. Pour une plus grande efficacité encore, prenez quatre petites géodes ou pierres d'améthyste et fixez-les aux quatre pieds du lit avec un cordon rouge de

9 cm. (Le nœud de fixation n'est pas compris dans cette dimension.) Le plus simple consiste d'abord à attacher la géode avec le fil rouge puis de le fixer (à l'aide d'une punaise par exemple) aux pieds du lit (ou juste au-dessus dans le sommier).

Pour une sexualité torride

(Pratique réservée aux célibataires)

Cette pratique est réservée à toute personne (homme ou femme) en recherche d'une sexualité purement récréative. **Elle est fortement déconseillée dans un couple <u>si l'un des partenaires n'est pas entièrement impliqué</u>** auquel cas, les ravages ne manqueront pas de déferler, puisque les énergies en jeu sont déséquilibrées. Est-il besoin de préciser que chacun est libre, à partir du moment où il respecte la liberté de l'autre et que ceci n'est pas une incitation à la débauche. Si la misère financière est visible, il en est une autre qui l'est moins car plus discrète. Il est des personnes qui se trouvent dans une misère sexuelle et une solitude totale. Loin d'être un choix de vie, cet état n'est pas une source d'équilibre et de bien-être. A ce propos, toutes les traditions sont d'accord pour avancer que tous les aspects de la vie sont importants et doivent être travaillés par l'équilibre afin que l'homme puisse s'unifier.

- Prenez une boite (en bois et rectangulaire, c'est important), percez un trou central sur le couvercle (de 5 mm de diamètre).
- Peignez entièrement (intérieur et extérieur) cette boite en rouge vif.
- Lorsqu'elle sera bien sèche, placez à l'intérieur une image qui représente ce qui stimule votre sexualité (et qui peut être découpée dans une revue ou imprimée depuis un site web par exemple).
- Sur cette image, vous y poserez dessus (et bien au centre) votre souhait écrit de façon très claire et à l'encre rouge.
- Sur votre souhait, vous placerez une magnétite enduite d'huile essentielle d'Ylang-Ylang.

- Aux quatre angles de la boite, placez quatre petits cristaux de quartz. La pointe des cristaux sera dirigée vers le centre. Laissez le tout dans un endroit discret.

Pour retrouver une vie sexuelle

(Pratique réservée aux couples)

Contrairement à la pratique précédente, celle-ci s'adresse à la plupart des couples qui désirent donner une nouvelle vie à leur sexualité.

- Prenez une boite (en bois et rectangulaire, c'est important), percez un trou central sur le couvercle (de 5 mm de diamètre).
- Peignez entièrement (intérieur et extérieur) cette boite en rouge vif.
- Lorsqu'elle sera bien sèche, placez à l'intérieur une image qui évoque pour vous deux le bien-être (et qui peut être découpé dans une revue ou imprimé à partir d'un site web par exemple).
- Sur cette image, vous y poserez dessus (et bien

au centre) votre souhait écrit de façon très claire et à l'encre bleue.

- Sur ce souhait, placez vos photos face à face.
- Sur les photos, posez simplement un petit aimant.

Les activations pour stimuler et renforcer la vitalité et la santé

C'est bien beau tout ça, mais si on n'a pas la vitalité ou la santé, à quoi ça sert !

Qu'à cela ne tienne, on va voir quelques techniques sur ce sujet.

La santé est liée au centre et au chiffre 5. Il va donc falloir activer ce secteur pour retrouver la forme.

Mais !

Les premiers principes à scrupuleusement observer sont d'éviter les objets en bois de forme rectangulaire et la couleur verte dans cette zone.

Pourquoi ?

Parce que le centre est lié à l'Elément Terre et que le Bois se nourrit de la Terre.

Vous y êtes ?

En mettant des objets en relation avec cet élément (le Bois) vous êtes bon pour vous faire « pomper » votre énergie, et qui dit perte d'énergie dit aussi perte de vitalité et de santé.

Les moyens d'activations et de corrections

Une bonne chose à faire est de prendre l'habitude de placer sous votre lit une tasse de sel (gris non raffiné) et à côté de vous un verre d'eau. Oui je sais, c'est archi connu, mais si je vous le précise, c'est que le sel et l'eau, à proximité, vont créer une sorte de bulle énergétique qui va renforcer votre corps éthérique pendant votre sommeil. De ce fait, vous dormirez mieux et vous vous réveillerez en pleine forme.

Ceci est la première chose.

La seconde, c'est de tracer le plan de votre habitation et d'en tracer les diagonales pour en trouver le centre exact. En fonction de la disposition des pièces, couloirs, etc. c'est une opération qui peut s'avérer assez difficile, mais il y a toujours une solution.

Une fois le centre trouvé, et s'il ne tombe pas sur une cloison, un couloir ou tout autre endroit qui n'est pas vraiment au top, débarrassez-le de tout ce qui est inutile et faites ceci :

- Prenez un pot carré en terre cuite (si possible) de couleur ocre (3).
- Dans le fond du pot, placez une petite sphère de cristal **(si vous êtes certain que personne ne**

(3) *On Trouve cela dans les magasins de jardinerie.*

pourra déplacer ce pot, vous pouvez y placer une petite pyramide de cristal. Mais attention : une face doit être bien orientée en permanence face au nord. Ensuite, vous ne devrez plus y toucher. Si jamais un écart se produisait, vous risqueriez d'obtenir des effets contraires.) Le mieux est de vérifier de temps en temps la bonne orientation. Mais si vous avez des enfants en bas âge chez vous, la tâche risque d'être difficile.

- Dans ce cas, utilisez une petite sphère. Voici ce qu'il vous faudra faire :
- Placez la sphère au fond du pot de terre et entourez-la de quatre petits cristaux de quartz (la pointe dirigée vers l'extérieur).
- Remplissez de sable (sable recueilli de préférence sur une plage ou dans le lit d'une rivière) jusqu'au trois quarts du pot.
- Pour finir, ajoutez quelques pierres dans les tons rouges et jaunes pour la « déco ». En fait, l'ajout de ces quelques pierres a pour but de camoufler le sable mais aussi et surtout d'apporter leur rayonnement à cet ensemble, le tout étant en harmonie avec la zone centrale du carré magique.

- Cet ensemble sera placé au centre de l'habitation. Il vous faudra ensuite adapter selon votre goût, l'ameublement, la disposition de vos meubles, de vos pièces, etc.

Une autre bonne solution (et que je trouve préférable), c'est de placer cet ensemble dans votre chambre (on y passe une bonne partie de la vie), sous le lit au niveau des pieds. Dans tous les cas, essayez de placer le montage **le plus au centre possible** de votre chambre.

Une précision : Même si vous avez dans votre chambre d'autres activateurs, rien n'est gênant.

Le talisman de guérison des cinq organes

Ceci est le talisman des cinq organes.

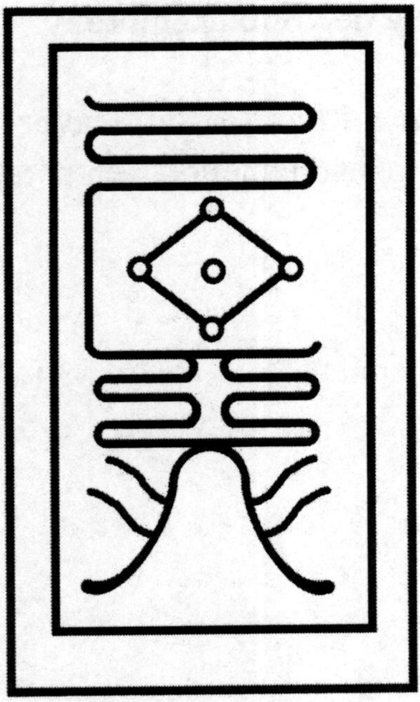

On l'utilise de plusieurs façons, mais certaines ne sont pas à la portée du non- initié. Aussi, pour que chacun de vous puisse en bénéficier, j'ai adapté le procédé. Cela s'avère être, malgré tout, très efficace.

Vous vous en doutez bien, les cinq organes en question sont bien ceux qui sont en relation avec les cinq Eléments Sources de Vie.

Au Feu est attribué le cœur
Au Métal sont attribués les poumons
Au Bois est attribué le foie
A l'Eau sont attribués les reins
A la Terre est attribuée la rate

Alors, il est bien évident que si ces cinq organes fonctionnent bien, tout ira pour le mieux car leurs fonctions ne s'arrêtent pas là. En parler dépasse largement le cadre de cet ouvrage, car cela implique les émotions, les plans énergétiques, etc. Pour en tirer le meilleur parti, vous allez reproduire (à la main) ce talisman en le traçant en bleu sur du papier jaune (du 120 gr par exemple).

Lorsque ceci est fait, prenez-le en main droite (à plat dans la paume) et prononcez 36 fois chaque sons :

Hhhaaa (36 fois pour le cœur en imaginant ou en regardant un fond rouge.)

Houuu (36 fois pour la rate en imaginant ou en regardant un fond jaune.)

Shhhhh (36 fois pour les poumons en imaginant ou en regardant un fond blanc.)

Shouuu (36 fois pour le foie en imaginant ou en regardant un fond vert.)

Fouuu (36 fois pour les reins en imaginant ou en regardant un fond noir.)

Ceci fait, déposez le talisman au milieu de votre lit (entre le sommier et le matelas) enveloppé dans un tissu de soie rouge vif.

Je ne puis que vous conseiller de pratiquer ce petit rite chaque mois (au moment de la pleine lune). Vous sortez le pantacle, le posez à plat dans votre main et récitez 36 fois chaque son en imaginant chaque couleur. Vous « nourrirez » en énergie chacun des cinq organes et resterez ainsi en excellente santé.

Voici maintenant les textes nécessaires aux différentes opérations

Prière d'invocation de l'argent

Archange Miséricordieux,
j'ai besoin de Toi, et dans quelque
circonstance que je me trouve,
c'est à Toi que je m'adresse car
Tu es ma force, mon refuge.
Toi qui connais mes besoins avant que je
les connaisse, je viens vers
Toi maintenant pour que tu m'apportes

la Bonne Fortune. Tu sais déjà ce qui me manque et ce qui me ferait être digne de Ta Sainte Face. Je ne peux rien sans Toi, toi qui peux puiser dans le trésor de la chance, aides-moi je t'en supplie car Toi, tu as toute puissance.
Sers-toi de ta divine puissance pour distiller autour de moi les ondes de richesse nécessaires qui feront de moi le riche des riches.
Archange Miséricordieux, tu nous as prescrit de recourir à Toi lorsque nous sommes dans la pauvreté ou l'affliction.
Tu nous as promis de nous exaucer lorsque nous te prions. Prête donc l'oreille, Toi qui es devant le Trône de l'Eternel et écoute moi car je suis pauvre et dans la peine. Pose ta Lumière divine sur ma situation critique. Hâte-toi de me secourir, par Jésus Christ Notre Seigneur.
Amen.

Consécration de l'eau

Signez-vous et dites :

+

Notre aide est dans le nom du Seigneur
qui créa le Ciel et la Terre.
Seigneur, écoute ma prière
et que mon cri monte jusqu'à Toi !
Que le Seigneur soit avec nous
et avec notre Esprit ! Amen.

Placez la main droite au-dessus de l'eau et dites :

« Je t'exorcise, créature d'eau par Ioh
le Dieu Vivant, par Ioah le Dieu Vrai,
par Iaoh le Dieu Saint !
Je t'adjure par Celui qui au
commencement te sépara du reste
des choses, afin que tu deviennes eau
bénite et te montre salutaire, afin
que tu ne retiennes en toi rien de la

puissance démoniaque qui régna sur toi jusqu'à cet instant. Que tu deviennes au contraire, le salut, l'inspiration et la purification, tant spirituelle que matérielle de ceux qui croient en ta vertu, afin que partout où tu seras utilisée, en tous temps et en tous lieux, tu sois un remède et une protection contre les pièges de l'invisible Adversaire. Et Toi, Seigneur Puissant et Saint, que je confesse le seul et véritable Dieu, je Te supplie ardemment de regarder d'un œil favorable et miséricordieux et de sanctifier par la Vertu de Ta Bénédiction, cette créature d'eau, et d'en chasser à tout jamais le ou les esprits démoniaques qui la hantent où l'habitent. Par Tes Très Saints Noms : Shaddaï, Iéouah, Sabaoth, Elohim Gibor, Agla, Iéoushouah, Elohim Hélion ! Amen (Tracez + + + *au-dessus de l'eau)*

Prions :

Seigneur qui, pour le salut des hommes,
a établi avec la substance des Eaux
Tes plus grands Sacrements,
sois propice à ma prière, et sur cet Elément
qui doit servir à tant de purifications,
daignes répandre la sainte Vertu de
Ta Bénédiction, afin que cette créature
d'Eau, employée en Tes Mystères, serve
par un effet de Ta Divine Grâce, à faire
fuir les Puissances Ténébreuses et
Mauvaises, à chasser la maladie, et que,
partout où cette Eau sera répandue ou
projetée, être, objet, habitation, lieu, etc.
tout devienne net et pur de toute souillure,
délivré de ce qui pourrait y nuire.
Que jamais n'y réside aucun souffle
pestilentiel, aucun air corrompu,
que soient dissipées toutes embûches
de l'Adversaire caché. Et si quelqu'un
ou quelque chose qui puisse nuire à la

santé ou au repos de ceux qui les habitent,
que par l'aspersion de cette
au salutaire tout se dissipe et disparaisse.
Que toute grâce et toute santé demandée
en invoquant Tes Très Saints Noms :
Shaddaï, Iéouah Sabaoth, soient à l'abri
de toutes les attaques des
Etres d'en-bas. Amen
(Tracez +++ au-dessus de l'eau)

+ (signez-vous)

Exorcisme et consécration de la lampe de sel

Je t'exorcise créature du sel par le Dieu + Vivant et Vrai, qui a ordonné que les oblations et les sacrifices soient faits par le sel ; je t'exorcise par ce Dieu + qui, pour les enfants, a placé le pacte du sel en face d'eux pour l'éternité ; je t'exorcise par + celui qui ordonna à son prêtre Esdras que le sel fut donné sans mesure, afin qu'à tous ceux qui en prendraient, fut accordé la santé de l'âme et du corps et que tout homme, en tout lieu où le sel aura été répandu et placé soit préservé des fantômes, de tout mal, et de toutes les embûches du démon, et que tout esprit immonde se trouve conjuré, par celui qui doit venir juger les vivants et les morts et purifier ce monde par le feu. Qu'il en soit ainsi.

Je t'exorcise de nouveau, créature du sel par + Notre Seigneur Jésus Christ qui enseignant ses Apôtres leur dit : « Le sel est bon ». « Il faut avoir du sel avec vous ». « Vous êtes le sel de la terre ». Je t'exorcise par + celui qui par son Apôtre a daigné nous instruire, en disant : « Que votre coeur, que votre langage soit toujours rempli de la grâce du sel » ; afin qu'il n'y ait pour vous aucune communication avec les esprits malins, mais que vous soyez le sel des exorcisés croyant dans le salut ; le sel de la sagesse dirigeant tous les actes humains ; le sel de la pénitence, préservant de la calamité, de la damnation ; le sel de l'amitié avec Dieu et le prochain ; le sel de la destruction de tous les maléfices et fantômes et de toutes les attaques du démon. C'est pourquoi le sel doit servir à repousser, à rejeter, à exterminer nos ennemis, par l'entremise des sacrements de Dieu. Au nom du + Père et du + Fils et du + Saint Esprit. Qu'il en soit ainsi.

Nous invoquons la force invincible de votre puissance, O Seigneur Père Tout Puissant Dieu éternel, sur ce sel à qui vous avez daigné conférer une grande vertu, afin que par lui toutes choses puissent être faites, comme vous l'avez ordonné d'être faites pour la nourriture et la boisson des hommes. Nous vous supplions par votre Fils, que vous daignez sanctifier + bénir et consacrer + ce sel afin qu'il puisse recevoir de votre divine majesté la vertu contre tous les esprits immondes ; qu'il chasse de l'âme de vos serviteurs et de vos servantes tout ce qui peut s'y trouver de pestilentiel ; qu'il éloigne de leurs demeures toutes les embûches qui s'y trouvent cachées ; qu'il détruise de toutes les choses à l'usage des hommes ce qui peut s'y trouver de mauvais ; qu'il détourne les sortilèges ; et qu'il produise un effet entier de salut et de santé ; par la vertu de la Sainte Croix + de Notre Seigneur Jésus Christ qu'il apporte une protection très fidèle à ceux qui la demandent et la désirent. Par ce signe de la croix + dans la vertu duquel je bénis + la créature du sel, je la sanctifie + au nom de la Très Sainte Trinité, et je la consacre + afin qu'elle devienne un sacrement salutaire contre les esprits malfaisants et un remède très parfait dans le coeur des fidèles. Par les mérites de la Passion de Notre Seigneur Jésus Christ qui vit et règne avec vous dans tous les siècles des siècles. Qu'il en soit ainsi.

Consécration des bougies

Signez-vous et dites :

+

Notre aide est dans le nom du Seigneur
qui créa le Ciel et la Terre.
Seigneur, écoute ma prière

et que mon cri monte jusqu'à Toi !
Que le Seigneur soit avec nous et avec notre Esprit ! Amen.

Placez la main droite au-dessus de la bougie et dites :

« Je t'exorcise, source de lumière visible, créature de cire par Ioh le Dieu Vivant, par Ioah le Dieu Vrai, par Iaoh le Dieu Saint !
Je t'adjure par celui qui au commencement te sépara du reste des choses, afin que tu te montres salutaire, et que tu ne retiennes en toi rien de la puissance démoniaque qui régna sur toi jusqu'à cet instant. Que tu deviennes au contraire, le salut, l'inspiration et l'illumination, tant spirituels que matériels de ceux qui croient en tes vertus, afin que partout où tu seras utilisée, en tous temps et en tous lieux, tu sois une sûre défense contre les pièges de l'invisible Adversaire. Et Toi, Seigneur Tout Puissant et Saint, que je confesse le Seul et Véritable Dieu, je Te supplies ardemment de regarder d'un œil favorable et miséricordieux et de

sanctifier par la Vertu de Ta Bénédiction, cette bougie de cire, et d'en chasser à tout jamais le ou les esprits démoniaques qui la hantent où l'habitent. Par Tes Très Saints Noms : Elohim Gibor, Iéoushouah, Elohim Hélion ! Amen.

Seigneur ! Toi qui a été, qui es, et qui sera Puissant Etre des êtres, Dieu des dieux, mon Dieu ! Bénis et consacre cette bougie de cire à mes instantes prières. Répands sur elle, Seigneur, par la Puissance de Ta Loi Sainte, Ta Céleste Bénédiction, ô Toi qui T'es constitué le Soleil Illuminateur du Genre Humain, Lumière des Lumières ! Dissipe donc toutes les Ténèbres, et par cette consécration sainte, que cette bougie de cire reçoive une Bénédiction telle que dans n'importe quel lieu où elle sera allumée et où rayonnera sa flamme purificatrice, se retirent aussitôt et fuient et tremblent, épouvantées, les Puissances des Ténèbres et leurs Emanations matérielles. Qu'à jamais elles n'aient plus pouvoir de nous inquiéter ou de molester Tes Serviteurs, ô Dieu Tout Puissant qui vit et règne à tout jamais dans les siècles des siècles ! Par Tes Très Saints Noms : Elohim Gibor, Ieoushouah, Elohim Hélion ! Amen.

Consécration des poudres rituelles de plantes

Videz le contenu du sachet dans une assiette et récitez, main droite en contact avec les produits, la prière suivante.

Tracez sur vous une + avant et après la récitation de la prière de consécration.

+

Notre aide est dans le Nom du Seigneur,
qui créa le Ciel et la Terre.
Seigneur, exauce ma prière,
et que mon cri monte jusqu'à Toi !
Que le Seigneur soit avec nous
et avec notre Esprit.
Amen.

Je t'exorcise, créature destinée à mon rituel, par Ioh, le Dieu Vivant, par Ioah, le Dieu Vrai, par Iahoh, le Dieu Saint ! Je t'adjure par Celui qui, au commencement, te sépara du reste des choses, afin que tu te montres salutaire et que tu ne retiennes en toi rien de la puissance ténébreuse, que tu deviennes au contraire, le salut, l'inspiration et l'intelligence, tant spirituels que matériels, de ceux qui croient en ta vertu, afin que partout où tu seras utilisée, en tous temps et en tous lieux, tu sois un remède et une protection contre les pièges de l'Invisible Adversaire.

Et Toi, Seigneur Puissant et Saint, que je confesse le Seul et véritable Dieu, je Te supplie ardemment de regarder d'un œil favorable et miséricordieux, et de sanctifier par la vertu de Ta Bénédiction, cette créature destinée à mon rituel, et d'en chasser à tout jamais le ou les esprits démoniaques qui pourraient la hanter ou l'habiter. Par Tes Très Saints Noms : Elohim Gibor, Agla, Ieoushouah, Elohim Hélion ! Amen.

Dieu Tout Puissant et Eternel, je T'implore humblement en Ta clémence sans bornes, pour que

Tu daignes en Ta miséricorde, bénir, sanctifier et consacrer ces produits issus de la nature, que Tu as créés à l'usage des hommes.
Que tous ceux qui en useront obtiennent le salut de l'âme et la santé du corps, et que tous ceux et tout ce qui en sera touché ou imprégné soit désormais purifié de toute impureté et de tout envahissement des puissances ténébreuses et mauvaises.

Par Tes Très Saints Noms Shadaï,
Iéoué Sabaoth et Adonaï Melek !
Toi qui vis et règne à jamais dans l'immensité
des siècles des siècles ! Amen.
+

Rituel de charge talismanique

Cette présente formule de consécration est parfaitement adaptée à cette pratique car plus orientée vers le sens de la charge précise d'un objet, d'un végétal, de la cire pour un but particulier ou une destination.

Posez la main droite sur l'objet ou le produit à charger, tout en restant concentré sur l'objectif visé et en récitant cette formule.

« Dieu très Miséricordieux, très Grand et très Puissant, j'adore votre Majesté Suprême.
Faites la grâce à votre serviteur (ou servante) de recevoir la vertu des psaumes.
Je vous conjure par vos très saints noms Agla, Aglaï, Adonaï, Agios, Othéos, Alpha et Oméga de m'accorder l'entier accomplissement de ma demande (citez votre demande).

Ô Dieu Fort et abondant en toutes grâces, que votre Saint Nom soit loué et glorifié dans l'éternité. Ainsi soit-il !

Annexe :
Annexe 1 : « Le Cycle d'Assaut. »

Je ne pouvais pas terminer comme cela... Il y aurait encore tellement de choses à dire. Je me devais de vous signaler un dernier cycle très occulte, le « cycle d'assaut ».

J'aurais pu « oublier » ou mettre ce cycle avec les autres mais, comme ce dernier est très particulier (on l'appelle aussi cycle d'attaque), j'ai préféré le classer ici dans cette annexe.

Dans ce cycle d'attaque des Eléments, le Métal est fondu par le Feu, le Feu est éteint par l'Eau, l'Eau est absorbée par la Terre, la Terre est consommée (ou digérée) par le Bois et le Bois est coupé (tranché) par le Métal.

Il s'agit en fait, d'un cycle de purification (comme vous allez le constater au cours du rituel) par l'assaut que donne un Elément à un autre. Un Elément attaque l'autre pour le transformer, mais ce processus est alchimique, il ne s'agit pas d'une attaque de « voyous » ou d'un « commando ».

Ce cycle très occulte et très occulté par la plupart de ceux qui le connaisse est peu connu mais très important dans le cadre de ce travail.

Pour être plus clair, il existe des endroits dans les maisons (anciennes en particulier) qui nécessitent des nettoyages en « force » (lieux sombres et humides, caves, chaufferies, souterrains, greniers, combles, vides sanitaires… qui sont de véritables « pouponnières et lieux d'élevage» d'entités maléfiques et de forces très négatives. Les exorcismes religieux classiques ne sont d'aucun secours dans ces cas (ils sont inadaptés), et si l'on peut obtenir un assainissement passager, le processus va à nouveau se réinstaller à plus ou moins long terme. Il faut aller à la racine du mal. En fait, rien n'est définitif dans la nature, et tout change, et c'est la raison pour laquelle, il vaut mieux travailler au rééquilibre des Eléments pour ces endroits. Ce rite est intéressant aussi, par le fait que l'opérateur (c'est-à-dire vous) ne pouvez en aucun cas vous faire vider de votre énergie dans une pratique professionnelle. Beaucoup de personnes qui travaillent avec l'énergie se sentent vidées après avoir traité quelques clients (géobiologues, acupuncteurs, consultants en Feng-Shui, etc.). Comme vous allez le constater dans le rituel qui va suivre, l'effet énergétique s'allège de plus en plus. On commence avec le Métal et on finit par l'Elément Bois qui lui, va engendrer un nouveau cycle mais… de Création !

La pratique

Pour pratiquer ce rite, un poignard à lame droite convient parfaitement, c'est beaucoup plus pratique qu'avec une épée).

Vous ferez ce rite dans chaque pièce de votre habitation en commençant par la direction du Métal au Nord , puis vous vous déplacerez pour aller (toujours dans la même pièce) dans la direction de l'Elément Feu au Sud, puis de la même façon à la direction Eau à l'ouest, puis Terre et enfin vous terminerez par l'Elément Bois à l'Est.

Le rituel est une suite dans les Eléments : **soit vous faites la totalité des Eléments soit vous ne faites rien**. De plus, il faut le faire trois fois de suite. Pour des « cures d'entretien », respectez toujours des nombres impairs (que ce soit une année, un mois ou un jour. Exemple 2005 = 7 impair c'est bien, mais 2006 = 8 pair n'est pas bon. Janvier = 1 est bon pour le rite alors que juin = 6 ne convient pas. Mercredi 16 ne va pas alors que lundi 5 convient très bien.

Le rite de purification du Métal

- Poignard en main droite levée, faites face au nord et abaissez violemment le poignard (comme pour trancher) et dites le son Hé (Hééé).
- Faites la même chose face à l'est, au sud et à l'ouest tout en visualisant chaque fois une lumière blanche en faisant le geste.
- Toujours face au nord, tranchez maintenant à l'horizontale (de la gauche vers la droite) mais vous allez tourner dans le sens inverse c'est-à-dire nord, ouest, sud et enfin l'est tout en prononçant le son Hé et en visualisant la lumière blanche.

Le rite de purification du Feu et de l'encens

Après le Métal vient le rite du Feu et de l'encens. Ce qui a été coupé, tranché, doit être calciné, incinéré dans de bonnes odeurs.

- Vous devrez donc brûler sur des charbons ardents l'un des produits suivant ou un mélange (à parts égales) de benjoin, de myrrhe, d'oliban, de santal rouge en prononçant le son Ha (Haaa) et en visualisant une lumière rouge.

Le rite de purification de l'Eau et du sel

Vient ensuite le rite de l'Eau et du sel pour calmer les ardeurs du Feu.

- Préparez une eau fortement salée et allumez plusieurs charbons jusqu'à ce » qu'il y ait une belle braise (vous pouvez parfaitement utiliser du charbon pour le barbecue).

- Jetez une pincée de sel sur les braises puis un peu d'eau en prononçant le son Shi (Shiii se prononce comme dans le mot chimie) en visualisant la couleur bleu nuit.

Le rite de purification et de sanctification de la Terre

Après le rite de l'Eau vient celui de la Terre pour absorber les forces excédentaires de l'Elément aquatique.

- Tracez le carré suivant (qui est celui de saturne) dans une assiette pleine de terre. Vous tracez le carré tel qu'il est représenté dans la terre que contient l'assiette.

Sud

4	9	2
3	5	7
8	1	6

En respectant l'orientation qui est donnée ci-dessus, vous devez donc

- De votre index droit, commencez par tracer la première barre verticale à gauche puis la seconde à droite et la troisième. Tracez ensuite la barre horizontale du haut puis la seconde et la troisième. Tracez alors le chiffre 1, puis 2, 3 etc. Jusqu'à 9 en prononçant (chaque fois) le son Hou (Houuu) et en visualisant une lumière jaune.

Le rite de purification et de régénération du Bois

Vient enfin pour clôturer, le rituel du Bois qui va engendrer un nouveau cycle, celui de la création.

Pour cela, on utilise des huiles parfumées ou des huiles essentielles d'ylang ylang, de santal, de camphre, (ou toute autre à votre convenance). Les huiles essentielles sont liées à l'Elément Bois dont elles sont issues.

- Agenouillez-vous face au nord, puis à l'est, au sud et enfin à l'ouest. Recueillez-vous quelques instant dans chacune de ces directions, vous pouvez prier, invoquer votre ange pendant ce temps.

- Relevez-vous et procédez avec votre huile essentielle à de petites touches sur les poignées de chaque ouverture (portes, fenêtres, etc. tout ce qui est ouverture) en prononçant le son Haé (Haaaééé) et en visualisant une lumière verte.

Bien effectué, ce Rituel d'assaut est extraordinaire dans ses effets.

Annexe 2
L'électronique au servie de la chance...

Dans les universités américaines, on étudie depuis longtemps certains procédés vibratoires pour « booster » la chance.

Ainsi est né un petit appareil mis au point par un électronicien tout simplement baptisé « CHANCE ».

Il représente l'interaction entre la conscience et la matière.

Ce petit appareil agit grâce à la réception de votre champ morphique qui englobe la prémonition.

Son utilisation est très simple : il suffit en effet d'appuyer sur un bouton (bleu), pendant une à deux secondes, et, après avoir relâché le bouton, d'observer si la petite lumière (LED) verte reste allumée ou non.

Si elle reste allumée plusieurs secondes, c'est que vous avez l'opportunité de gagner immédiatement.

Si après avoir lâché le bouton, la lumière LED s'éteint aussitôt, il est alors plus prudent de s'abstenir de jouer ou de parier.

L'appareil fonctionne avec une pile standard.

Maintenant, on peut se demander comment un tel système peut fonctionner…

En fait, tout repose sur le phénomène de la DIODE à BRUIT BLANC.

C'est principalement à l'Université de Princeton aux U.S.A. que des chercheurs étudient cela depuis 20 ans.

On peut se procurer en France ce petit appareil ingénieux et l'utiliser à chaque fois qu'on veut savoir si la chance est présentement de notre côté ou non…

Annexe 3
Quelques mots sur l'extraordinaire pouvoir de la cire d'abeille.

Mes fidèles lectrices et lecteurs connaissent de longue date les vertus de ce produit de la ruche [(4)].
Ici, nous utiliserons une simple bougie (ou cierge) en pure cire d'abeille.

Il suffira de laisser brûler quelques instants ce cierge pour élever IMMEDIATEMENT la vibration du lieu.
On ressent très vite apaisement et bien-être.
Veillez toutefois à la qualité de la bougie.

Ce « procédé vibratoire » simple et efficace devrait être utilisé par tous… surtout à notre époque où tout est pollué sur le plan vibratoire.

---

(4) *Livre « Protection instantanée » du même auteur aux Editions Labussière*

Conclusion

Voici terminé cet ouvrage consacré principalement à « ce nerf de la guerre » qu'est l'argent… et le bien-être qu'il peut engendrer. L'amour et le sexe sont également des aspects importants dans la vie, et toutes les traditions en ont fait grand cas, élaborant des techniques très précises qui atteignent des sommets dans la pratique Alchimique. Un autre sujet qui a toujours préoccupé l'être humain est sa santé. On peut dire sans crainte que ces trois aspects de la vie humaine sont le pivot autour duquel tourne l'existence de la plupart des gens.

Les « procédés vibratoires » décrits dans ce livre sont tous efficaces.

Cependant, certaines choses « marchent » un temps, puis autre chose arrive, tout est fonction de notre propre évolution. Certaines magies sont mortes aujourd'hui et d'autres systèmes voient le jour, beaucoup plus adaptés à notre cycle actuel, à notre mode de vie, à d'autres facteurs liés aux royaumes invisibles, mais les bases solides, les fondations profondes de La Tradition sont toujours là, attendant que quelqu'un un jour, dépoussière des millénaires de Sagesse ... Tout ce qui est a été... et sera.

Je n'ai pas traité de l'aspect astrologique du système car j'ai remarqué que ce sujet (pourtant d'une profonde richesse) « en laisse plus d'un(e) sur le carreau ». Pourtant, on peut établir le thème d'une habitation, chaque pièce correspondant à un point particulier et le mouvement des planètes passant dans les zones, donnent des indications très précises. Le seul « hic », c'est qu'on n'a pas toujours le jour et l'heure de la signature ou de l'entrée dans les lieux, d'où la difficulté à établir un tel thème. Dans tous les cas, sachez que vous avez entre les mains un outil fiable et efficace qui a fait ses preuves. Quand bien même j'ai simplifié et simplifié encore... J'ai voulu respecter les lois de la Tradition qui jamais ne s'est éteinte.

En attendant et pour terminer, je vous dis ceci :

Que le meilleur vous arrive !

Roger Gascon
Décembre 2010

Table des matières

Achevé d'imprimer en mai 2011
sur les presses de la Nouvelle Imprimerie Laballery
58500 Clamecy
Dépôt légal : mai 2011
Numéro d'impression : 105264

Imprimé en France

La Nouvelle Imprimerie Laballery est titulaire de la marque Imprim'Vert®